2013

中国文化及相关产业统计年鉴

国家统计局社会科技和文化产业统计司
中宣部文化体制改革和发展办公室 编

图书在版编目（CIP）数据

中国文化及相关产业统计年鉴. 2013 / 国家统计局社会科技和文化产业统计司, 中宣部文化体制改革和发展办公室编. -- 北京 : 中国统计出版社, 2013.12
ISBN 978-7-5037-6996-2

Ⅰ. ①中… Ⅱ. ①国… ②中… Ⅲ. ①文化产业－中国－2013－年鉴 Ⅳ. ①G124-54

中国版本图书馆 CIP 数据核字(2013)第 238167 号

中国文化及相关产业统计年鉴—2013

作　　者/国家统计局社会科技和文化产业统计司，中宣部文化体制改革和发展办公室
责任编辑/徐　涛
封面设计/李雪燕
出版发行/中国统计出版社
通信地址/北京市丰台区西三环南路甲 6 号　邮政编码/100073
电　　话/邮购（010）63376909　书店（010）68783171
网　　址/http://csp.stats.gov.cn
印　　刷/河北天普润印刷厂
经　　销/新华书店
开　　本/880mm×1230mm　1/16
字　　数/504 千字
印　　张/15.75
版　　别/2013 年 12 月第 1 版
版　　次/2013 年 12 月第 1 次印刷
定　　价/280.00 元

本书附同版本 CD-ROM 一张，光盘内容以书面文字为准。
如有印装差错，由本社发行部调换。

《中国文化及相关产业统计年鉴-2013》
编辑委员会和编辑部

编辑委员会

编　辑　部

编者说明

《中国文化及相关产业统计年鉴-2013》是国家统计局和中宣部共同编辑的反映我国文化改革发展情况的统计资料书，是我国正式开展文化产业统计以来出版的首部统计年鉴。本年鉴收录了 2012 年全国和各省、自治区、直辖市与文化产业相关的统计数据，以及 2005-2011 年全国主要统计数据，是一部全面反映我国文化及相关产业发展情况的资料性年刊。

本年鉴内容分为五个部分。第一部分为经济和社会发展概况；第二部分为文化及相关产业发展情况；第三部分为文化及相关产业法人单位发展情况；第四部分为主要文化行业发展情况；第五部分为国际统计资料。最后附录了中国入选世界文化遗产项目、主要统计指标解释、文化及相关产业分类（2012）等。

本年鉴中部分总计和分项因小数取舍而产生了误差，均未做配平处理。年鉴各表中的“空格”表示该统计指标数据不足本表最小单位数、数据不详或无该项数据；“#”表示其中的主要项；“*”或“1、2、3”表示本表的注解。

参与本年鉴编辑的部门还有：工业和信息化部、民政部、财政部、住房和城乡建设部、商务部、文化部、国家工商总局、国家新闻出版广电总局和国家档案局。我们对上述部门有关人员在本年鉴编辑过程中给予的大力支持，表示衷心的感谢！

目　录　Contents

第一部分　经济和社会发展概况

第二部分　文化及相关产业发展概况

第三部分　文化及相关产业法人单位发展情况

第四部分 主要文化行业发展情况

第五部分 主要国家（地区）统计资料

第一部分

经济和社会发展概况

1-1　国内生产总值

单位：亿元

年　份	国内生产总值	第一产业	第二产业	#工业	#制造业	第三产业	#批发零售业
2005	184937.4	22420.0	87598.1	77230.8	60118.0	74919.3	13966.2
2006	216314.4	24040.0	103719.5	91310.9	71212.9	88554.9	16530.7
2007	265810.3	28627.0	125831.4	110534.9	87465.0	111351.9	20937.8
2008	314045.4	33702.0	149003.4	130260.2	102539.5	131340.0	26182.3
2009	340902.8	35226.0	157638.8	135239.9	110118.5	148038.0	28984.5
2010	401512.8	40533.6	187383.2	160722.2	130325.0	173596.0	35746.1
2011	473104.1	47486.2	220412.8	188470.2	150597.2	205205.0	43445.2
2012	518942.1	52373.6	235162.0	199670.7		231406.5	49394.4

注：本表按当年价格计算（表1-2至1-5同）。

1-2　国内生产总值构成

单位：%

年　份	国内生产总值	第一产业	第二产业	#工业	#制造业	第三产业	#批发零售业
2005	100.00	12.12	47.37	41.76	32.51	40.51	7.55
2006	100.00	11.11	47.95	42.21	32.92	40.94	7.64
2007	100.00	10.77	47.34	41.58	32.91	41.89	7.88
2008	100.00	10.73	47.45	41.48	32.65	41.82	8.34
2009	100.00	10.33	46.24	39.67	32.30	43.43	8.50
2010	100.00	10.10	46.67	40.03	32.46	43.24	8.90
2011	100.00	10.04	46.59	39.84	31.83	43.37	9.18
2012	100.00	10.09	45.32	38.48		44.59	9.52

1-3 地区生产总值

单位：亿元

地 区	2005	2006	2007	2008	2009	2010	2011	2012
北 京	6969.5	8117.8	9846.8	11115.0	12153.0	14113.6	16251.9	17879.4
天 津	3905.6	4462.7	5252.8	6719.0	7521.9	9224.5	11307.3	12893.9
河 北	10012.1	11467.6	13607.3	16012.0	17235.5	20394.3	24515.8	26575.0
山 西	4230.5	4878.6	6024.5	7315.4	7358.3	9200.9	11237.6	12112.8
内蒙古	3905.0	4944.3	6423.2	8496.2	9740.3	11672.0	14359.9	15880.6
辽 宁	8047.3	9304.5	11164.3	13668.6	15212.5	18457.3	22226.7	24846.4
吉 林	3620.3	4275.1	5284.7	6426.1	7278.8	8667.6	10568.8	11939.2
黑龙江	5513.7	6211.8	7104.0	8314.4	8587.0	10368.6	12582.0	13691.6
上 海	9247.7	10572.2	12494.0	14069.9	15046.5	17166.0	19195.7	20181.7
江 苏	18598.7	21742.1	26018.5	30982.0	34457.3	41425.5	49110.3	54058.2
浙 江	13417.7	15718.5	18753.7	21462.7	22990.4	27722.3	32318.9	34665.3
安 徽	5350.2	6112.5	7360.9	8851.7	10062.8	12359.3	15300.7	17212.1
福 建	6554.7	7583.9	9248.5	10823.0	12236.5	14737.1	17560.2	19701.8
江 西	4056.8	4820.5	5800.3	6971.1	7655.2	9451.3	11702.8	12948.9
山 东	18366.9	21900.2	25776.9	30933.3	33896.7	39169.9	45361.9	50013.2
河 南	10587.4	12362.8	15012.5	18018.5	19480.5	23092.4	26931.0	29599.3
湖 北	6590.2	7617.5	9333.4	11328.9	12961.1	15967.6	19632.3	22250.5
湖 南	6596.1	7688.7	9439.6	11555.0	13059.7	16038.0	19669.6	22154.2
广 东	22557.4	26587.8	31777.0	36796.7	39482.6	46013.1	53210.3	57067.9
广 西	3984.1	4746.2	5823.4	7021.0	7759.2	9569.9	11720.9	13035.1
海 南	918.8	1065.7	1254.2	1503.1	1654.2	2064.5	2522.7	2855.5
重 庆	3467.7	3907.2	4676.1	5793.7	6530.0	7925.6	10011.4	11409.6
四 川	7385.1	8690.2	10562.4	12601.2	14151.3	17185.5	21026.7	23872.8
贵 州	2005.4	2339.0	2884.1	3561.6	3912.7	4602.2	5701.8	6852.2
云 南	3462.7	3988.1	4772.5	5692.1	6169.8	7224.2	8893.1	10309.5
西 藏	248.8	290.8	341.4	394.9	441.4	507.5	605.8	701.0
陕 西	3933.7	4743.6	5757.3	7314.6	8169.8	10123.5	12512.3	14453.7
甘 肃	1934.0	2277.4	2704.0	3166.8	3387.6	4120.8	5020.4	5650.2
青 海	543.3	648.5	797.4	1018.6	1081.3	1350.4	1670.4	1893.5
宁 夏	612.6	725.9	919.1	1203.9	1353.3	1689.7	2102.2	2341.3
新 疆	2604.2	3045.3	3523.2	4183.2	4277.1	5437.5	6610.1	7505.3

1-4　按三次产业分地区生产总值(2012年)

单位：亿元

地　区	地区生产总值	第一产业	第二产业	#工业	第三产业
北　京	17879.4	150.2	4059.3	3294.3	13669.9
天　津	12893.9	171.6	6663.8	6123.1	6058.5
河　北	26575.0	3186.7	14003.6	12511.6	9384.8
山　西	12112.8	698.3	6731.6	6023.6	4683.0
内蒙古	15880.6	1448.6	8801.5	7735.8	5630.5
辽　宁	24846.4	2155.8	13230.5	11605.1	9460.1
吉　林	11939.2	1412.1	6376.8	5582.5	4150.4
黑龙江	13691.6	2113.7	6037.6	5240.7	5540.3
上　海	20181.7	127.8	7854.8	7097.8	12199.2
江　苏	54058.2	3418.3	27122.0	23908.5	23518.0
浙　江	34665.3	1667.9	17316.3	15338.0	15681.1
安　徽	17212.1	2178.7	9404.8	8025.8	5628.5
福　建	19701.8	1776.7	10187.9	8541.9	7737.1
江　西	12948.9	1520.2	6942.6	5828.2	4486.1
山　东	50013.2	4281.7	25735.7	22798.3	19995.8
河　南	29599.3	3769.5	16672.2	15017.6	9157.6
湖　北	22250.5	2848.8	11193.1	9735.2	8208.6
湖　南	22154.2	3004.2	10506.4	9138.5	8643.6
广　东	57067.9	2847.3	27701.0	25810.1	26519.7
广　西	13035.1	2172.4	6247.4	5279.3	4615.3
海　南	2855.5	711.5	804.5	521.2	1339.5
重　庆	11409.6	940.0	5975.2	4981.0	4494.4
四　川	23872.8	3297.2	12333.3	10550.5	8242.3
贵　州	6852.2	891.9	2677.5	2217.1	3282.8
云　南	10309.5	1654.6	4419.2	3450.7	4235.7
西　藏	701.0	80.4	242.9	55.4	377.8
陕　西	14453.7	1370.2	8073.9	6847.4	5009.7
甘　肃	5650.2	780.5	2600.1	2070.2	2269.6
青　海	1893.5	176.9	1092.3	895.9	624.3
宁　夏	2341.3	199.4	1159.4	878.6	982.5
新　疆	7505.3	1320.6	3481.6	2850.1	2703.2

1-5 按三次产业分地区生产总值构成(2012年)

单位：%

地 区	地区生产总值	第一产业	第二产业		第三产业
				#工业	
北 京	100.00	0.84	22.70	18.43	76.46
天 津	100.00	1.33	51.68	47.49	46.99
河 北	100.00	11.99	52.69	47.08	35.31
山 西	100.00	5.77	55.57	49.73	38.66
内蒙古	100.00	9.12	55.42	48.71	35.46
辽 宁	100.00	8.68	53.25	46.71	38.07
吉 林	100.00	11.83	53.41	46.76	34.76
黑龙江	100.00	15.44	44.10	38.28	40.47
上 海	100.00	0.63	38.92	35.17	60.45
江 苏	100.00	6.32	50.17	44.23	43.50
浙 江	100.00	4.81	49.95	44.25	45.24
安 徽	100.00	12.66	54.64	46.63	32.70
福 建	100.00	9.02	51.71	43.36	39.27
江 西	100.00	11.74	53.62	45.01	34.64
山 东	100.00	8.56	51.46	45.58	39.98
河 南	100.00	12.74	56.33	50.74	30.94
湖 北	100.00	12.80	50.31	43.75	36.89
湖 南	100.00	13.56	47.42	41.25	39.02
广 东	100.00	4.99	48.54	45.23	46.47
广 西	100.00	16.67	47.93	40.50	35.41
海 南	100.00	24.92	28.17	18.25	46.91
重 庆	100.00	8.24	52.37	43.66	39.39
四 川	100.00	13.81	51.66	44.19	34.53
贵 州	100.00	13.02	39.08	32.36	47.91
云 南	100.00	16.05	42.87	33.47	41.09
西 藏	100.00	11.47	34.64	7.90	53.89
陕 西	100.00	9.48	55.86	47.37	34.66
甘 肃	100.00	13.81	46.02	36.64	40.17
青 海	100.00	9.34	57.69	47.31	32.97
宁 夏	100.00	8.52	49.52	37.53	41.96
新 疆	100.00	17.60	46.39	37.97	36.02

1-6　人口数及城乡构成

单位：万人、%

年　份	总人口(年末)	城镇	乡村	构成	
				城镇	乡村
2005	130756	56212	74544	42.99	57.01
2006	131448	58288	73160	44.34	55.66
2007	132129	60633	71496	45.89	54.11
2008	132802	62403	70399	46.99	53.01
2009	133450	64512	68938	48.34	51.66
2010	134091	66978	67113	49.95	50.05
2011	134735	69079	65656	51.27	48.73
2012	135404	71182	64222	52.57	47.43

1-7　人口数及年龄结构

单位：万人、%

年　份	总人口(年末)	按年龄组分					
		0-14岁		15-64岁		65岁及以上	
		人口数	比重	人口数	比重	人口数	比重
2005	130756	26504	20.3	94197	72.0	10055	7.7
2006	131448	25961	19.8	95068	72.3	10419	7.9
2007	132129	25660	19.4	95833	72.5	10636	8.1
2008	132802	25166	19.0	96680	72.7	10956	8.3
2009	133450	24659	18.5	97484	73.0	11307	8.5
2010	134091	22259	16.6	99938	74.5	11894	8.9
2011	134735	22164	16.5	100283	74.4	12288	9.1
2012	135404	22287	16.5	100403	74.1	12714	9.4

1-8 各地区年末人口数

单位：万人

地 区	2005	2006	2007	2008	2009	2010	2011	2012
全 国	**130756**	**131448**	**132129**	**132802**	**133450**	**134091**	**134735**	**135404**
北 京	1538	1581	1633	1695	1755	1962	2019	2069
天 津	1043	1075	1115	1176	1228	1299	1355	1413
河 北	6851	6898	6943	6989	7034	7194	7241	7288
山 西	3355	3375	3393	3411	3427	3574	3593	3611
内蒙古	2403	2415	2429	2444	2458	2472	2482	2490
辽 宁	4221	4271	4298	4315	4341	4375	4383	4389
吉 林	2716	2723	2730	2734	2740	2747	2749	2750
黑龙江	3820	3823	3824	3825	3826	3833	3834	3834
上 海	1890	1964	2064	2141	2210	2303	2347	2380
江 苏	7588	7656	7723	7762	7810	7869	7899	7920
浙 江	4991	5072	5155	5212	5276	5447	5463	5477
安 徽	6120	6110	6118	6135	6131	5957	5968	5988
福 建	3557	3585	3612	3639	3666	3693	3720	3748
江 西	4311	4339	4368	4400	4432	4462	4488	4504
山 东	9248	9309	9367	9417	9470	9588	9637	9685
河 南	9380	9392	9360	9429	9487	9405	9388	9406
湖 北	5710	5693	5699	5711	5720	5728	5758	5779
湖 南	6326	6342	6355	6380	6406	6570	6596	6639
广 东	9194	9442	9660	9893	10130	10441	10505	10594
广 西	4660	4719	4768	4816	4856	4610	4645	4682
海 南	828	836	845	854	864	869	877	887
重 庆	2798	2808	2816	2839	2859	2885	2919	2945
四 川	8212	8169	8127	8138	8185	8045	8050	8076
贵 州	3730	3690	3632	3596	3537	3479	3469	3484
云 南	4450	4483	4514	4543	4571	4602	4631	4659
西 藏	277	283	287	292	297	301	303	308
陕 西	3690	3699	3708	3718	3727	3735	3743	3753
甘 肃	2545	2547	2548	2551	2555	2560	2564	2578
青 海	543	548	552	554	557	563	568	573
宁 夏	596	604	610	618	625	633	639	647
新 疆	2010	2050	2095	2131	2159	2185	2209	2233

注：各地区数据为常住人口口径。其中2010年数据为当年人口普查数据推算数，其余年份数据为年度人口抽样调查推算数据。

1-9　各地区人口数及城乡构成(2012年)

单位：万人、%

地　区	总人口(年末)	城镇人口		乡村人口	
		人口数	比重	人口数	比重
全　国	**135404**	**71182**	**52.57**	**64222**	**47.43**
北　京	2069	1784	86.20	286	13.80
天　津	1413	1152	81.55	261	18.45
河　北	7288	3411	46.80	3877	53.20
山　西	3611	1851	51.26	1760	48.74
内蒙古	2490	1438	57.74	1052	42.26
辽　宁	4389	2881	65.65	1508	34.35
吉　林	2750	1477	53.70	1273	46.30
黑龙江	3834	2182	56.90	1652	43.10
上　海	2380	2126	89.30	255	10.70
江　苏	7920	4990	63.00	2930	37.00
浙　江	5477	3461	63.20	2016	36.80
安　徽	5988	2784	46.50	3204	53.50
福　建	3748	2234	59.60	1514	40.40
江　西	4504	2140	47.51	2364	52.49
山　东	9685	5078	52.43	4607	47.57
河　南	9406	3991	42.43	5415	57.57
湖　北	5779	3092	53.50	2687	46.50
湖　南	6639	3097	46.65	3542	53.35
广　东	10594	7140	67.40	3454	32.60
广　西	4682	2038	43.53	2644	56.47
海　南	887	457	51.60	429	48.40
重　庆	2945	1678	56.98	1267	43.02
四　川	8076	3516	43.53	4561	56.47
贵　州	3484	1269	36.41	2216	63.59
云　南	4659	1831	39.31	2828	60.69
西　藏	308	70	22.75	238	77.25
陕　西	3753	1877	50.02	1876	49.98
甘　肃	2578	999	38.75	1579	61.25
青　海	573	272	47.44	301	52.56
宁　夏	647	328	50.67	319	49.33
新　疆	2233	982	43.98	1251	56.02

注：1.本表数据根据2012年人口变动情况抽样调查数据推算。全国总人口根据抽样误差和调查误差进行了修正，分地区人口未作修正。
2.全国总人口包括现役军人数，分地区数字中未包括。

1-10　按三次产业分就业人员数及构成（年底数）

年　份	经济活动人　　口（万人）	就业人员（万人）				构成（%）		
			第一产业	第二产业	第三产业	第一产业	第二产业	第三产业
2005	76120	74647	33442	17766	23439	44.8	23.8	31.4
2006	76315	74978	31941	18894	24143	42.6	25.2	32.2
2007	76531	75321	30731	20186	24404	40.8	26.8	32.4
2008	77046	75564	29923	20553	25087	39.6	27.2	33.2
2009	77510	75828	28890	21080	25857	38.1	27.8	34.1
2010	78388	76105	27931	21842	26332	36.7	28.7	34.6
2011	78579	76420	26594	22544	27282	34.8	29.5	35.7
2012	78894	76704	25773	23241	27690	33.6	30.3	36.1

1-11　按城乡分就业人员数（年底数）

单位：万人

年　份	合　计	城镇小计	内资单位	#国有单位	#私营企业	港澳台商投资单位	外商投资单位	个体	乡村小计	#私营企业	#个体
2005	74647	28389	24366	6488	3458	557	688	2778	46258	2366	2123
2006	74978	29630	25210	6430	3954	611	796	3012	45348	2632	2147
2007	75321	30953	26060	6424	4581	680	903	3310	44368	2672	2187
2008	75564	32103	26872	6447	5124	679	943	3609	43461	2780	2167
2009	75828	33322	27379	6420	5544	721	978	4245	42506	3063	2341
2010	76105	34687	28396	6516	6071	770	1053	4467	41418	3347	2540
2011	76420	35914	28538	6704	6912	932	1217	5227	40506	3442	2718
2012	76704	37102	29244	6839	7557	969	1246	5643	39602	3739	2986

1-12　按行业分城镇单位就业人员数(年底数)

单位：万人

年　份 地　区	合　计	农、林、牧、渔业	采矿业	制造业	电力、热气、燃气及水生产和供应业	建筑业	交通运输、仓储和邮政业
2005	11404.0	446.3	509.2	3210.9	299.9	926.6	613.9
2006	11713.2	435.2	529.7	3351.6	302.5	988.7	612.7
2007	12024.4	426.3	535.0	3465.4	303.4	1050.8	623.1
2008	12192.5	410.1	540.4	3434.3	306.5	1072.6	627.3
2009	12573.0	373.7	553.7	3491.9	307.7	1177.5	634.4
2010	13051.5	375.7	562.0	3637.2	310.5	1267.5	631.1
2011	14413.3	359.5	611.6	4088.3	334.7	1724.8	662.8
2012	15236.4	338.9	631.0	4262.2	344.6	2010.3	667.5
北　京	717.4	2.5	6.9	108.0	8.9	42.7	57.8
天　津	289.1	0.5	6.9	120.2	4.4	31.1	14.1
河　北	619.9	5.5	28.8	145.4	21.2	81.4	24.3
山　西	436.0	2.8	90.3	70.3	11.1	38.8	22.3
内蒙古	270.8	25.0	21.5	42.7	12.0	18.2	16.9
辽　宁	598.7	25.2	32.6	168.3	16.4	60.9	32.8
吉　林	285.5	15.7	16.6	64.8	8.9	17.6	15.9
黑龙江	471.0	93.3	41.3	63.3	15.7	35.6	25.6
上　海	555.7	1.2	0.1	218.7	5.8	48.9	38.0
江　苏	830.9	8.6	12.8	359.7	12.9	69.5	30.6
浙　江	1070.1	0.8	1.4	372.5	13.3	294.1	29.4
安　徽	436.8	5.4	34.6	90.9	9.9	69.9	16.3
福　建	637.9	4.8	5.3	292.4	9.5	121.7	18.6
江　西	385.8	11.6	10.1	102.0	10.5	66.6	12.9
山　东	1110.2	2.8	78.8	395.0	21.0	136.8	37.4
河　南	881.2	5.8	63.0	218.3	22.5	125.6	30.9
湖　北	598.0	9.7	12.0	160.6	18.2	97.1	24.4
湖　南	567.5	2.4	15.2	128.2	15.7	94.6	23.6
广　东	1304.0	7.2	3.4	540.9	20.1	107.6	61.8
广　西	358.0	9.9	5.3	71.9	9.8	42.5	18.5
海　南	90.1	11.9	1.0	9.5	2.1	6.0	4.5
重　庆	353.2	1.3	10.4	82.3	7.5	85.2	15.8
四　川	640.9	4.0	24.5	144.5	17.6	116.1	23.6
贵　州	269.5	1.6	18.2	47.6	8.4	34.9	9.1
云　南	392.7	9.2	22.3	70.5	9.7	66.4	13.6
西　藏	25.2	0.6	0.2	0.7	0.8	0.5	0.6
陕　西	411.2	3.6	30.0	86.2	9.6	42.8	18.3
甘　肃	211.3	5.5	9.7	33.8	7.2	23.0	10.4
青　海	61.7	1.6	2.6	11.7	2.0	7.4	3.4
宁　夏	67.4	2.4	6.6	10.8	4.1	4.4	3.6
新　疆	288.8	56.2	18.9	30.6	7.6	22.4	12.6

注：本表数据不含私营单位。

1-12 续表 1

单位：万人

年份 地区	信息传输、软件和信息技术服务业	批发和零售业	住宿和餐饮业	金融业	房地产业	租赁和商务服务业	科学研究和技术服务业
2005	130.1	544.0	181.2	359.3	146.5	218.5	227.7
2006	138.2	515.7	183.9	367.4	153.9	236.7	235.5
2007	150.2	506.9	185.8	389.7	166.5	247.2	243.4
2008	159.5	514.4	193.2	417.6	172.7	274.7	257.0
2009	173.8	520.8	202.1	449.0	190.9	290.5	272.6
2010	185.8	535.1	209.2	470.1	211.6	310.1	292.3
2011	212.8	647.5	242.7	505.3	248.6	286.6	298.5
2012	222.8	711.8	265.1	527.8	273.7	292.3	330.7
北京	52.6	68.6	32.0	37.6	37.1	61.4	54.0
天津	3.3	17.5	6.9	7.8	5.5	5.4	8.3
河北	6.5	26.3	6.8	24.7	6.8	5.2	12.5
山西	5.3	19.2	6.9	15.8	2.6	5.3	5.9
内蒙古	4.4	8.0	2.9	10.8	1.8	3.2	4.9
辽宁	9.0	21.1	7.2	22.5	12.4	10.2	15.8
吉林	4.7	9.5	3.0	10.9	5.1	4.9	7.6
黑龙江	6.1	15.9	4.6	16.0	5.9	4.9	11.9
上海	8.6	59.8	20.1	29.5	15.2	17.2	12.2
江苏	10.8	33.5	11.9	29.4	8.2	12.3	12.8
浙江	14.1	39.3	16.3	36.4	17.5	29.2	17.5
安徽	4.5	15.9	4.3	16.8	6.9	3.7	8.2
福建	5.3	24.3	9.4	14.8	10.2	6.0	6.5
江西	4.3	16.7	4.3	10.6	4.5	2.9	5.4
山东	9.1	48.9	15.2	32.7	15.8	11.5	12.4
河南	6.3	42.6	10.1	23.3	13.1	11.3	13.1
湖北	5.6	30.1	9.2	16.3	10.0	6.2	13.5
湖南	7.1	18.7	9.5	20.7	9.9	8.8	9.5
广东	18.6	65.0	32.3	47.6	34.9	37.0	21.3
广西	4.4	12.8	4.8	11.7	5.4	8.9	9.3
海南	1.0	5.4	6.2	2.8	4.2	2.0	1.7
重庆	3.9	19.8	7.1	13.0	7.8	6.1	5.7
四川	6.0	18.5	7.6	23.0	6.6	5.2	16.2
贵州	2.5	13.2	3.9	7.4	5.4	3.0	5.4
云南	4.3	23.5	8.5	9.8	7.3	6.2	7.8
西藏	0.3	0.5	0.3	0.8	0.02	0.2	1.1
陕西	7.8	17.8	7.5	14.6	6.6	4.5	14.4
甘肃	2.0	6.0	1.9	7.2	1.9	1.7	5.6
青海	0.9	2.4	0.7	2.2	0.8	0.8	2.8
宁夏	0.6	2.8	0.6	3.0	1.1	1.8	1.2
新疆	2.6	8.2	2.8	8.1	3.2	5.4	6.1

1-12　续表 2

单位：万人

年　份 地　区	水利、环境和公共设施管理业	居民服务、修理和其他服务业	教　育	卫生和社会工作	文化、体育和娱乐业	公共管理、社会保障和社会组织
2005	180.4	53.9	1483.2	508.9	122.5	1240.8
2006	187.0	56.6	1504.4	525.4	122.4	1265.6
2007	193.5	57.4	1520.9	542.8	125.0	1291.2
2008	197.3	56.5	1534.0	563.6	126.0	1335.0
2009	205.7	58.8	1550.4	595.8	129.5	1394.3
2010	218.9	60.2	1581.8	632.5	131.4	1428.5
2011	230.3	59.9	1617.8	679.1	135.0	1467.6
2012	243.8	62.1	1653.4	719.3	137.7	1541.5
北　京	9.4	8.6	44.4	23.0	17.1	44.7
天　津	3.7	10.9	16.3	8.8	1.9	15.5
河　北	11.3	2.2	89.9	32.2	5.2	83.8
山　西	7.6	0.6	49.9	17.1	4.5	59.6
内蒙古	7.8	0.7	34.8	12.9	3.3	39.0
辽　宁	15.6	2.7	57.8	30.4	5.1	52.8
吉　林	8.2	0.9	37.2	16.3	3.6	33.9
黑龙江	10.2	4.4	47.0	21.0	4.2	44.1
上　海	6.2	3.3	28.0	17.4	5.1	20.5
江　苏	13.3	1.3	88.8	41.1	6.1	67.4
浙　江	12.9	2.0	66.2	37.4	6.7	63.3
安　徽	8.1	0.6	63.3	25.3	3.6	48.5
福　建	5.0	1.4	46.7	18.1	3.6	34.3
江　西	5.9	0.6	44.2	21.1	3.9	47.6
山　东	12.5	3.9	109.8	49.6	6.9	109.8
河　南	13.1	1.6	118.9	46.1	7.1	108.4
湖　北	9.8	1.5	71.8	34.2	6.3	61.5
湖　南	9.7	1.5	72.0	34.8	5.0	80.7
广　东	14.3	5.8	117.7	56.1	9.5	102.9
广　西	8.8	0.7	60.8	26.0	3.3	43.0
海　南	2.6	0.2	12.3	4.8	1.1	10.8
重　庆	4.6	0.9	37.1	13.5	2.6	28.5
四　川	10.6	1.1	89.4	39.3	4.5	82.6
贵　州	4.2	1.0	44.2	14.6	1.6	43.3
云　南	5.7	0.8	54.9	19.4	3.4	49.3
西　藏	0.2		4.4	1.6	0.6	11.7
陕　西	8.9	1.5	56.9	21.9	5.0	53.2
甘　肃	5.2	0.4	36.8	11.7	2.6	38.7
青　海	1.0	0.3	7.6	3.7	0.8	9.2
宁　夏	2.0		8.4	4.0	0.7	9.3
新　疆	5.4	0.6	36.0	15.8	2.9	43.4

1-13 各地区按三次产业和机构类型分法人单位数(2012年)

单位：个

地区	法人单位数	按三次产业分				按机构类型分				
		第一产业	第二产业	#工业	第三产业	企业法人	事业法人	机关法人	社会团体	其他
全国	**10616530**	**440853**	**2949694**	**2558302**	**7225983**	**8286654**	**729718**	**250271**	**215597**	**1134290**
北京	404907	3143	49257	36155	352507	374051	11173	2092	4193	13398
天津	207512	2939	57812	47734	146761	187579	6396	1873	1769	9895
河北	387093	17972	115236	104674	253885	278564	31640	11802	5028	60059
山西	244262	34118	42458	35025	167686	159461	24571	8898	5616	45716
内蒙古	155136	8928	28924	24250	117284	105156	17426	7677	5834	19043
辽宁	453601	14181	123687	101915	315733	370163	29385	9763	9152	35138
吉林	131947	6096	31582	26364	94269	90302	16970	5631	3494	15550
黑龙江	189208	6102	43034	34916	140072	134426	19808	9919	6198	18857
上海	455055	3769	114914	92706	336372	427928	8463	1892	3330	13442
江苏	1096912	26265	434107	379002	636540	977842	37704	9997	17886	53483
浙江	865140	38278	353972	329913	472890	739030	27797	7720	15431	75162
安徽	324622	14004	92767	77343	217851	254386	21297	9352	7922	31665
福建	399091	19288	119832	106976	259971	319214	26005	8032	11200	34640
江西	249278	14632	67680	58982	166966	176556	25521	9366	6315	31520
山东	906064	29760	276205	235787	600099	722344	36366	12085	13545	121724
河南	425276	15825	142271	129139	267180	283009	40960	11827	5568	83912
湖北	435964	15682	102353	80549	317929	322331	39425	10520	11374	52314
湖南	343869	14280	83973	75841	245616	221798	40452	12832	8043	60744
广东	1008447	15611	325016	298767	667820	884679	41463	11781	12675	57849
广西	274666	23041	39865	34152	211760	180309	41667	11034	8645	33011
海南	49117	2964	7311	3582	38842	37505	3535	1386	909	5782
重庆	274165	35984	56330	47371	181851	224487	17062	4403	4939	23274
四川	403208	21429	79379	68414	302400	230936	54562	20076	17127	80507
贵州	133415	10244	24783	21938	98388	76025	21701	7211	3785	24693
云南	214490	19175	34418	25815	160897	150093	20855	10902	7808	24832
西藏	16664	42	1069	618	15553	3434	2168	4124	566	6372
陕西	255333	10266	51393	38571	193674	176977	26461	8948	3710	39237
甘肃	124734	7064	20026	16822	97644	66817	18485	7065	5635	26732
青海	33425	2509	5449	4372	25467	17567	3735	2777	1683	7663
宁夏	43820	2489	8081	6579	33250	28802	2842	1490	2300	8386
新疆	110109	4773	16510	14030	88826	64883	13823	7796	3917	19690

1-14　按行业分法人单位数

单位：个

年份 地区	合计	农、林、牧、渔业	采矿业	制造业	电力、燃气及水的生产和供应业	建筑业	交通运输、仓储和邮政业
2005	5647823	68800	89430	1451556	43148	149471	91565
2006	6068912	78205	93967	1579406	45922	170180	104635
2007	6495064	98546	97678	1702455	49052	190517	117228
2008	7098765	2023	97315	1818370	57923	226768	157589
2009	8003868	184764	103403	1959254	62038	261694	175914
2010	8754588	242429	104065	2098370	64151	302232	195829
2011	9593729	321086	105490	2240315	66652	346026	219630
2012	10616530	440853	107596	2380759	69947	391392	249832
北　京	404907	3143	189	35495	471	13102	8098
天　津	207512	2939	100	47162	472	10078	9726
河　北	387093	17972	8200	94883	1591	10562	7754
山　西	244262	34118	7595	26189	1241	7433	5382
内蒙古	155136	8928	4740	18085	1425	4674	4267
辽　宁	453601	14181	6091	93851	1973	21772	13580
吉　林	131947	6096	1532	23580	1252	5218	2959
黑龙江	189208	6102	2432	31205	1279	8118	4271
上　海	455055	3769	4	92397	305	22208	16219
江　苏	1096912	26265	1076	375128	2798	55105	25751
浙　江	865140	38278	1508	324348	4057	24059	15490
安　徽	324622	14004	3096	71928	2319	15424	9761
福　建	399091	19288	3127	97279	6570	12856	9333
江　西	249278	14632	4144	50775	4063	8698	8396
山　东	906064	29760	5183	228076	2528	40418	21757
河　南	425276	15825	7882	119630	1627	13132	6302
湖　北	435964	15682	5384	71998	3167	21804	11904
湖　南	343869	14280	7685	62901	5255	8132	4965
广　东	1008447	15611	3235	287010	8522	26249	25569
广　西	274666	23041	3656	27725	2771	5713	6107
海　南	49117	2964	264	2991	327	3729	1059
重　庆	274165	35984	3085	42225	2061	8959	5431
四　川	403208	21429	5724	56827	5863	10965	8394
贵　州	133415	10244	5630	14905	1403	2845	1946
云　南	214490	19175	5801	17663	2351	8603	4201
西　藏	16664	42	129	394	95	451	188
陕　西	255333	10266	4203	32873	1495	12822	4785
甘　肃	124734	7064	2091	13585	1146	3204	2046
青　海	33425	2509	822	3157	393	1077	524
宁　夏	43820	2489	682	5624	273	1502	784
新　疆	110109	4773	2306	10870	854	2480	2883

注：2008年农、林、牧、渔业法人单位数只包括兼营第二、三产业的农、林、牧、渔业法人单位。

1-14 续表 1

单位：个

年 份 地 区	信息传输、计算机服务和软件业	批发和零售业	住宿和餐饮业	金融业	房地产业	租赁和商务服务业	科学研究、技术服务和地质勘查业
2005	85499	994953	101853	26828	148059	291498	153076
2006	100614	1122489	109892	29201	165865	331904	166240
2007	115101	1246042	118173	31815	187444	368763	176677
2008	153290	1403141	145297	28668	214391	427001	201689
2009	176326	1670315	154895	36907	244043	511666	233221
2010	191182	1965118	164762	45512	284726	590478	256865
2011	208867	2276295	172070	55513	323985	687575	283777
2012	245669	2630690	186837	67554	356717	813851	324932
北 京	22151	121945	13252	1794	14661	77035	38136
天 津	3452	64701	3118	1876	5913	21553	10795
河 北	5106	91157	4233	2597	11472	15638	6478
山 西	3691	53059	3664	1785	6364	11201	5449
内蒙古	2196	38712	3449	1816	6293	8901	4258
辽 宁	12119	122551	7575	3615	17678	36142	16450
吉 林	2207	29292	1714	1007	4498	7395	5116
黑龙江	3387	48109	2491	1624	6918	11772	6843
上 海	14029	150676	11590	1479	14202	63975	22603
江 苏	23021	303339	12019	5700	30017	81495	27367
浙 江	19949	196797	9072	3065	20423	68184	22256
安 徽	7572	74576	5414	3069	13254	24754	8913
福 建	8875	100295	6455	3535	12038	30609	9824
江 西	3182	46982	3404	2300	9260	16335	5479
山 东	18621	252083	16993	6168	24972	53847	17830
河 南	6434	67285	8671	2033	11360	16271	7005
湖 北	9085	106428	8594	3238	17674	31783	15165
湖 南	10525	63606	7023	1989	10734	15525	9677
广 东	25038	285282	18283	4759	46107	96324	30938
广 西	6952	67375	3466	1643	11034	22108	9959
海 南	1319	10842	1457	347	5586	5357	1478
重 庆	6721	70126	10019	1525	9341	21127	5409
四 川	12209	63642	8006	2585	12171	24629	11851
贵 州	2425	19843	2144	1062	5658	6576	3368
云 南	5021	54080	3498	2607	9013	14924	6656
西 藏	162	1085	326	117	108	292	187
陕 西	5088	61041	6064	1764	10340	15511	7580
甘 肃	1629	24181	2299	928	3275	4798	2483
青 海	481	5500	653	263	992	1337	962
宁 夏	811	11300	756	399	1299	2408	835
新 疆	2211	24800	1135	865	4062	6045	3582

1-14　续表 2

单位：个

年　份 地　区	水利、环境和公共设施管理业	居民服务和其他服务业	教　育	卫生、社会保障和社会福利业	文化、体育和娱乐业	公共管理和社会组织
2005	46847	93947	305446	183760	69490	1252597
2006	48811	102228	308760	185014	72873	1252706
2007	50953	110525	312339	187376	76430	1257950
2008	57553	120467	335065	206480	81878	1363857
2009	61740	141936	342003	209016	90891	1383842
2010	64794	158152	342408	205778	95633	1382104
2011	69186	175813	346390	205173	102775	1387111
2012	75981	196880	355072	206885	121126	1393957
北　京	2488	14788	8304	3084	12754	14017
天　津	1458	7457	3467	1508	1863	9874
河　北	2315	5088	17885	6554	2675	74933
山　西	2369	4840	8990	5217	3398	52277
内蒙古	1878	2787	5673	4486	1900	30668
辽　宁	3665	9661	13499	11123	4880	43195
吉　林	1342	2157	5251	3271	1844	26216
黑龙江	1666	3707	7780	4896	2026	34582
上　海	2127	13307	5760	2983	4941	12481
江　苏	6750	18805	17764	11288	9065	64159
浙　江	4969	9572	17736	7144	7218	71015
安　徽	2654	5033	12597	5458	3204	41592
福　建	2923	5919	12618	6127	5082	46338
江　西	2164	4751	9436	7351	2899	45027
山　东	4213	17604	21213	15981	6234	122583
河　南	2592	4790	23071	25235	4574	81557
湖　北	4644	9659	17743	11243	5913	64856
湖　南	3227	5675	14873	8263	4998	84536
广　东	5406	18981	32611	9397	9290	59835
广　西	2748	4093	17788	6644	3489	48354
海　南	387	892	2358	812	832	6116
重　庆	1868	6844	8815	6409	3156	25060
四　川	3510	5066	21254	14881	6505	107697
贵　州	1258	2072	9821	4159	1765	36291
云　南	2210	3381	8203	4517	3393	39193
西　藏	43	110	1046	505	173	11211
陕　西	2464	5372	12248	10492	3231	47694
甘　肃	1014	1776	9225	3550	1775	38665
青　海	345	370	1320	789	457	11474
宁　夏	309	740	1425	830	368	10986
新　疆	975	1583	5298	2688	1224	31475

1-15 全社会固定资产投资实际到位资金和构成

年 份	本年实际到位资金小计	国家预算资 金	国内贷款	利用外资	自 筹 和其他资金
总量（亿元）					
2005	94590.8	4154.3	16319.0	3978.8	70138.7
2006	118957.0	4672.0	19590.5	4334.3	90360.2
2007	150803.6	5857.1	23044.2	5132.7	116769.7
2008	182915.3	7954.8	26443.7	5311.9	143204.9
2009	250229.7	12685.7	39302.8	4623.7	193617.4
2010	285779.2	13012.7	44020.8	4703.6	224042.0
2011	345984.2	14843.3	46344.5	5062.0	279734.4
2012	409675.6	18958.7	51593.5	4468.8	334654.7
构成（%）					
2005	100.0	4.4	17.3	4.2	74.1
2006	100.0	3.9	16.5	3.6	76.0
2007	100.0	3.9	15.3	3.4	77.4
2008	100.0	4.3	14.5	2.9	78.3
2009	100.0	5.1	15.7	1.8	77.4
2010	100.0	4.7	15.2	1.6	78.5
2011	100.0	4.3	13.4	1.5	80.9
2012	100.0	4.6	12.6	1.1	81.7

1-16　全社会固定资产投资实际到位资金(2012年)

单位：亿元

地　区	本年实际到位资金	国家预算资　金	国内贷款	利用外资	自筹资金	其他资金
全　国	**409675.6**	**18958.7**	**51593.5**	**4468.8**	**277792.4**	**56862.4**
北　京	8870.8	121.6	2136.4	22.2	3300.5	3290.1
天　津	8853.6	103.7	1753.7	84.2	5870.0	1041.9
河　北	20106.0	472.9	1207.4	98.7	16658.1	1668.9
山　西	8311.7	455.8	868.7	22.9	6285.1	679.2
内蒙古	12174.6	486.5	1410.9	22.2	9647.2	607.8
辽　宁	24225.6	1006.0	3422.3	358.7	17080.9	2357.7
吉　林	9696.4	256.5	436.9	55.4	8202.6	745.1
黑龙江	10400.5	480.7	470.8	28.5	8509.9	910.5
上　海	6961.2	371.9	1530.4	164.5	3255.9	1638.4
江　苏	36552.9	424.8	4646.9	1182.4	25033.4	5265.3
浙　江	19243.6	928.2	2784.6	211.7	11529.9	3789.2
安　徽	16587.8	863.2	1534.9	111.4	11750.9	2327.4
福　建	13850.7	1139.8	1732.0	351.9	8035.6	2591.4
江　西	12103.1	517.6	843.6	92.4	9255.9	1393.6
山　东	33538.2	649.0	3238.3	405.7	25804.6	3440.5
河　南	21710.1	412.0	2494.9	78.1	16789.8	1935.3
湖　北	16884.5	636.3	2004.2	137.7	12238.9	1867.3
湖　南	15989.5	903.2	1560.0	180.2	11200.9	2145.3
广　东	22005.9	930.8	3234.2	572.2	12604.6	4664.1
广　西	10506.8	432.1	1308.2	35.7	7252.6	1478.3
海　南	2755.8	104.4	704.3	29.9	1353.3	563.9
重　庆	10312.0	411.6	1790.1	59.9	5608.9	2441.5
四　川	18204.0	1684.5	2073.0	41.3	11639.2	2765.9
贵　州	5949.1	466.5	1168.5	9.6	3394.1	910.4
云　南	8047.5	675.4	1248.0	17.8	4676.1	1430.1
西　藏	696.7	388.4	25.5	6.5	199.9	76.3
陕　西	13222.3	966.7	938.0	34.3	9830.4	1452.8
甘　肃	5365.8	670.1	733.6	15.6	3412.6	533.9
青　海	1982.7	369.0	426.2	2.5	972.1	212.9
宁　夏	1998.3	177.0	459.9	5.1	1074.4	282.0
新　疆	6572.9	816.5	888.7	9.1	3974.5	884.2
不分地区	5995.5	635.9	2518.6	20.7	1349.0	1471.1

1-17 按行业分全社会固定资产投资

单位：亿元

年份 地区	合计	农、林、牧、渔业	采矿业	制造业	电力、燃气及水生产和供应业	建筑业	交通运输、仓储和邮政业
2005	88773.6	2323.7	3587.4	26576.0	7554.4	1119.0	9614.0
2006	109998.2	2749.9	4678.4	34089.5	8585.7	1125.5	12138.1
2007	137323.9	3403.5	5878.8	44505.1	9467.6	1302.3	14154.0
2008	172828.4	5064.5	7705.8	56702.4	10997.2	1555.9	17024.4
2009	224598.8	6894.9	9210.8	70612.9	14434.6	1992.5	24974.7
2010	278121.9	7923.1	11000.9	88619.2	15679.7	2802.2	30074.5
2011	311485.1	8757.8	11747.0	102712.9	14659.7	3357.1	28291.7
2012	374694.7	10996.4	13300.8	124550.0	16672.7	3739.0	31444.9
北　京	6112.4	127.3	4.3	414.5	215.8	8.7	696.4
天　津	7934.8	198.7	199.0	2319.9	283.9	48.6	729.9
河　北	19661.3	804.4	620.5	8008.9	713.4	44.2	1543.3
山　西	8863.3	381.4	1581.7	1941.6	606.5	16.9	1013.4
内蒙古	11875.7	591.7	1116.4	3829.4	1036.5	86.4	1148.0
辽　宁	21836.3	601.4	683.7	7493.1	776.2	469.4	1070.1
吉　林	9511.5	379.8	547.8	4150.3	413.9	49.1	547.3
黑龙江	9694.7	757.3	596.0	3026.9	519.6	176.0	519.3
上　海	5117.6	11.0	0.4	1080.6	163.0	1.5	460.8
江　苏	30854.2	251.9	85.6	14792.5	839.9	79.4	1397.1
浙　江	17649.4	200.1	33.0	5333.7	727.9	27.9	1349.7
安　徽	15425.8	379.4	389.8	6072.5	436.6	56.6	585.8
福　建	12439.9	241.9	163.0	3765.5	621.9	50.4	1441.9
江　西	10774.2	346.5	265.5	5363.1	294.3	103.3	474.1
山　东	31256.0	900.4	570.3	12713.7	705.7	490.1	1657.2
河　南	21450.0	825.9	690.8	9782.3	555.9	12.8	927.9
湖　北	15578.3	531.4	283.7	6250.1	402.9	40.4	1266.6
湖　南	14523.2	499.2	524.6	4948.1	465.5	154.4	1122.3
广　东	18751.5	340.6	82.6	4923.9	1019.0	37.4	1729.7
广　西	9808.6	370.5	322.0	3238.8	462.8	27.7	925.8
海　南	2145.4	40.8	30.2	191.6	114.7	57.8	143.2
重　庆	8736.2	375.4	167.7	2268.6	372.9	48.6	835.0
四　川	17040.0	443.0	465.7	4327.5	1281.0	33.7	2086.6
贵　州	5717.8	79.0	279.8	1020.3	253.3	10.9	756.2
云　南	7831.1	204.3	363.0	1223.4	952.0	6.0	780.5
西　藏	670.5	24.2	43.0	44.8	90.7	38.8	136.6
陕　西	12044.5	496.1	1041.8	2338.6	371.2	581.2	805.4
甘　肃	5145.0	171.1	339.5	970.9	634.2	793.2	306.6
青　海	1883.4	74.5	84.4	505.2	235.6	62.0	232.0
宁　夏	2096.9	71.8	151.5	628.1	226.3	31.3	113.3
新　疆	6158.8	275.6	747.9	1581.5	773.7	94.1	437.2
不分地区	6106.4		825.6		105.5		4205.5

1-17　续表 1

单位：亿元

年　份 地　区	信息传输、软件和信息技术服务业	批发和零售业	住宿和餐饮业	金融业	房地产业	租赁和商务服务业	科学研究和技术服务业
2005	1581.8	1716.4	808.8	109.5	19505.3	549.6	435.1
2006	1875.9	2265.3	1095.7	121.4	24524.4	725.6	495.3
2007	1848.1	2880.3	1519.4	157.6	32438.9	949.3	560.0
2008	2162.6	3741.8	1959.2	260.6	40441.8	1355.9	782.0
2009	2589.0	5132.8	2625.4	360.2	49358.5	2036.2	1200.8
2010	2454.5	6032.2	3366.8	489.4	64877.3	2692.6	1379.3
2011	2174.4	7439.4	3956.6	638.7	81686.1	3382.8	1679.8
2012	2692.0	9810.7	5153.5	923.9	99159.3	4700.4	2475.8
北　京	162.0	27.8	55.3	26.6	3491.1	36.6	128.7
天　津	75.3	243.9	70.5	21.4	1824.6	588.4	48.9
河　北	88.8	658.3	214.7	24.4	4656.5	210.8	110.4
山　西	35.6	195.9	60.7	2.0	1856.7	25.9	34.9
内蒙古	83.1	284.4	104.7	25.2	1866.4	79.6	53.1
辽　宁	133.1	763.1	428.5	63.9	6006.7	369.8	161.2
吉　林	69.7	410.9	104.7	14.5	1545.3	48.1	59.7
黑龙江	124.6	329.6	91.5	31.6	2004.9	84.2	83.5
上　海	121.3	62.1	33.3	49.2	2402.3	136.1	39.5
江　苏	266.0	713.2	475.7	93.3	7746.8	678.2	324.8
浙　江	111.0	322.9	212.9	92.9	6788.9	222.0	58.9
安　徽	72.8	358.1	215.4	62.6	4459.1	151.8	141.3
福　建	143.3	206.9	204.2	30.1	3643.4	149.6	22.5
江　西	50.6	411.4	254.1	24.7	1679.6	121.9	38.5
山　东	91.2	1276.2	444.8	51.6	7552.1	363.8	399.8
河　南	46.8	526.7	217.2	14.8	5363.6	84.7	75.5
湖　北	86.4	409.8	193.8	45.0	3510.6	227.7	81.4
湖　南	59.6	417.8	183.9	44.1	3319.2	296.6	116.8
广　东	341.5	479.6	390.5	81.6	6789.3	175.0	118.2
广　西	92.8	269.4	161.3	23.0	2209.6	135.3	34.0
海　南	34.9	47.9	187.0	0.6	1030.8	15.7	5.0
重　庆	80.4	112.3	59.5	2.5	2991.4	92.0	15.9
四　川	66.5	324.9	253.6	46.4	5017.5	110.9	60.2
贵　州	6.4	76.3	47.0		1859.3	30.6	8.8
云　南	59.7	234.9	168.2	4.9	2447.4	53.2	30.4
西　藏	12.7	14.8	24.7	2.4	58.0	10.5	3.2
陕　西	86.3	337.5	171.4	29.0	3733.8	113.9	119.4
甘　肃	32.2	138.7	61.9	11.0	915.2	28.6	32.6
青　海	2.0	18.1	11.4	0.9	378.1	31.4	3.1
宁　夏	11.5	53.6	13.2	0.7	597.2	8.0	1.0
新　疆	43.9	83.7	38.0	3.0	1413.8	19.4	17.9
不分地区							46.8

1-17 续表 2

单位：亿元

年 份 地 区	水利、环境和公共设施管理业	居民服务、修理和其他服务业	教 育	卫生和社会工作	文化、体育和娱乐业	公共管理、社会保障和社会组织
2005	6274.3	363.5	2209.2	661.8	857.0	2926.8
2006	8152.7	389.5	2270.2	769.0	955.4	2990.5
2007	10154.3	434.7	2375.6	885.0	1243.4	3166.1
2008	13534.3	522.0	2523.8	1155.6	1589.9	3748.5
2009	19874.4	801.9	3521.2	1858.6	2383.4	4735.9
2010	24827.6	1114.1	4033.6	2119.0	2959.4	5676.6
2011	24523.1	1443.3	3894.6	2330.3	3162.0	5647.8
2012	29621.6	1905.0	4613.0	2617.1	4271.3	6047.4
北 京	402.9	18.1	95.0	44.2	78.9	78.0
天 津	917.9	52.9	73.8	63.0	90.7	83.5
河 北	1200.2	71.3	208.9	111.8	213.8	156.7
山 西	742.0	15.3	168.5	54.3	83.1	46.8
内蒙古	996.0	36.0	111.0	67.5	125.7	234.5
辽 宁	1677.4	210.1	196.2	161.9	282.6	287.9
吉 林	760.5	59.6	66.1	69.6	83.4	131.2
黑龙江	787.8	54.8	103.4	78.6	135.7	189.7
上 海	338.3	4.9	50.9	56.9	90.6	14.9
江 苏	1897.5	154.6	301.7	156.6	329.1	270.3
浙 江	1383.6	33.9	199.8	125.2	207.7	217.3
安 徽	1273.6	46.4	204.0	107.7	158.0	254.4
福 建	1072.6	30.8	194.9	73.0	186.5	197.5
江 西	827.2	69.8	137.8	74.6	97.8	139.3
山 东	1467.5	391.7	333.0	190.9	700.0	956.0
河 南	1497.2	123.1	278.1	160.0	182.3	84.2
湖 北	1231.4	52.5	148.8	131.2	163.4	521.2
湖 南	1413.2	84.5	212.7	111.9	113.5	435.2
广 东	1526.4	29.4	299.0	140.8	153.9	93.0
广 西	995.7	58.5	175.6	80.9	113.0	111.7
海 南	154.6	4.8	31.1	21.7	20.2	12.9
重 庆	858.5	68.1	109.3	52.7	115.3	110.0
四 川	1801.8	60.3	202.2	149.9	162.8	145.4
贵 州	1069.8	10.5	117.2	19.6	50.7	22.1
云 南	787.7	27.0	184.9	70.5	114.3	118.8
西 藏	46.9	4.7	18.4	7.9	14.1	74.0
陕 西	959.2	66.9	166.1	133.9	91.0	401.8
甘 肃	367.5	43.7	64.8	38.2	52.6	142.7
青 海	76.0	1.2	46.2	14.9	19.3	86.9
宁 夏	108.3	10.0	29.1	11.1	8.0	23.0
新 疆	329.7	9.5	84.2	36.3	33.0	136.4
不分地区	652.9					270.1

1-18　城乡居民家庭人均收入及增长指数

年　份	城镇居民家庭		农村居民家庭	
	人均可支配收入(元)	增长指数(2005年＝100)	人均纯收入(元)	增长指数(2005年＝100)
2005	10493	100.0	3255	100.0
2006	11760	112.1	3587	110.2
2007	13786	131.4	4140	127.2
2008	15781	150.4	4761	146.3
2009	17175	163.7	5153	158.3
2010	19109	182.1	5919	181.8
2011	21810	207.9	6977	214.4
2012	24565	234.1	7917	243.2

1-19　城乡居民家庭人均消费支出及恩格尔系数

年　份	城镇居民家庭		农村居民家庭		
	人均现金消费支出(元)	恩格尔系数(%)	人均消费支出(元)	#现金消费支出	恩格尔系数(%)
2005	7943	36.7	2555	2135	45.5
2006	8697	35.8	2829	2416	43.0
2007	9997	36.3	3224	2767	43.1
2008	11243	37.9	3661	3159	43.7
2009	12265	36.5	3993	3505	41.0
2010	13471	35.7	4382	3859	41.1
2011	15161	36.3	5221	4733	40.4
2012	16674	36.2	5908	5414	39.3

1-20 各地区城乡居民收入与消费(2012年)

单位：元

地 区	城镇居民家庭		农村居民家庭		
	人均可支配收入	人均现金消费支出	人均纯收入	人均消费支出	#现金消费支出
全 国	**24565**	**16674**	**7917**	**5908**	**5414**
北 京	36469	24046	16476	11879	11828
天 津	29626	20024	14026	8337	8306
河 北	20543	12531	8081	5364	5172
山 西	20412	12212	6357	5566	5359
内蒙古	23150	17717	7611	6382	5731
辽 宁	23223	16594	9384	5998	5666
吉 林	20208	14614	8598	6186	5712
黑龙江	17760	12984	8604	5718	5452
上 海	40188	26253	17804	11971	11747
江 苏	29677	18825	12202	9138	8796
浙 江	34550	21545	14552	10653	10486
安 徽	21024	15012	7160	5556	5154
福 建	28055	18593	9967	7402	6999
江 西	19860	12776	7829	5129	4456
山 东	25755	15778	9447	6776	6514
河 南	20443	13733	7525	5032	4780
湖 北	20840	14496	7852	5727	5071
湖 南	21319	14609	7440	5870	5024
广 东	30227	22396	10543	7459	6867
广 西	21243	14244	6008	4934	4165
海 南	20918	14457	7408	4776	4436
重 庆	22968	16573	7383	5019	4359
四 川	20307	15050	7001	5367	4488
贵 州	18701	12586	4753	3902	3157
云 南	21075	13884	5417	4561	3735
西 藏	18028	11184	5719	2968	2304
陕 西	20734	15333	5763	5115	4884
甘 肃	17157	12847	4507	4146	3689
青 海	17566	12346	5364	5339	4773
宁 夏	19831	14067	6180	5351	4914
新 疆	17921	13892	6394	5301	4785

1-21　货物进出口总额

年　份	人民币（亿元）				美元（亿美元）			
	进出口总　额	出口总额	进口总额	差　额	进出口总　额	出口总额	进口总额	差　额
2005	116921.8	62648.1	54273.7	8374.4	14219.1	7619.5	6599.5	1020.0
2006	140974.0	77597.2	63376.9	14220.3	17604.4	9689.8	7914.6	1775.2
2007	166863.7	93563.6	73300.1	20263.5	21765.7	12204.6	9561.2	2643.4
2008	179921.5	100394.9	79526.5	20868.4	25632.6	14306.9	11325.7	2981.2
2009	150648.1	82029.7	68618.4	13411.3	22075.4	12016.1	10059.2	1956.9
2010	201722.1	107022.8	94699.3	12323.5	29740.0	15777.5	13962.4	1815.1
2011	236402.0	123240.6	113161.4	10079.2	36418.6	18983.8	17434.8	1549.0
2012	244160.2	129359.3	114801.0	14558.3	38671.2	20487.1	18184.1	2303.1

注：本表为海关进出口统计数（下表同）。

1-22 各地区货物进出口总额(2012年)

单位：万美元

地 区	按经营单位所在地分			按境内目的地和货源地分		
	进出口	出 口	进 口	进出口	出 口	进 口
全 国	**386711942**	**204871442**	**181840500**	**386711942**	**204871442**	**181840500**
北 京	40810732	5963209	34847523	12866591	3124774	9741817
天 津	11563427	4831256	6732171	12284792	4906048	7378744
河 北	5056306	2959820	2096485	8228900	3727328	4501572
山 西	1504311	701604	802707	1659174	844689	814485
内蒙古	1125898	397016	728882	1396918	539399	857519
辽 宁	10409000	5795905	4613094	11833784	5251715	6582069
吉 林	2456301	598268	1858033	2447836	602771	1845065
黑龙江	3759029	1443517	2315512	2821302	990761	1830541
上 海	43658695	20673017	22985679	43415712	19354245	24061467
江 苏	54796149	32852352	21943797	58866594	33424029	25442565
浙 江	31240136	22451714	8788421	34818733	24466543	10352191
安 徽	3928454	2674850	1253604	3295935	2064675	1231260
福 建	15593796	9783259	5810536	14619103	8882715	5736389
江 西	3341383	2511279	830104	3023567	2002105	1021462
山 东	24554432	12870921	11683512	29664642	13593588	16071053
河 南	5173881	2967645	2206236	5433308	3193072	2240236
湖 北	3196375	1939850	1256525	3243783	1875374	1368409
湖 南	2194873	1260220	934653	2145234	1234202	911032
广 东	98402046	57405077	40996969	111532842	63622169	47910672
广 西	2948446	1546775	1401671	4087472	921500	3165972
海 南	1432210	313610	1118600	1456054	280703	1175351
重 庆	5320358	3856758	1463600	4524093	3104672	1419421
四 川	5914360	3846907	2067453	5170202	3115567	2054635
贵 州	663156	495223	167933	505244	314607	190636
云 南	2101373	1001737	1099636	1211937	542364	669573
西 藏	342414	335518	6896	211540	202370	9170
陕 西	1479903	865226	614677	1518973	850077	668896
甘 肃	890075	357355	532721	716339	183042	533297
青 海	115747	72876	42871	81295	42797	38499
宁 夏	221671	164112	57559	267310	187459	79850
新 疆	2517006	1934565	582441	3362737	1426084	1936653

1-23　国家财政收入及构成

年　份	国家财政收入（亿元）			构成（%）		财政收入增长速度（%）
		中央	地方	中央	地方	
2005	31649.3	16548.5	15100.8	52.3	47.7	19.9
2006	38760.2	20456.6	18303.6	52.8	47.2	22.5
2007	51321.8	27749.2	23572.6	54.1	45.9	32.4
2008	61330.4	32680.6	28649.8	53.3	46.7	19.5
2009	68518.3	35915.7	32602.6	52.4	47.6	11.7
2010	83101.5	42488.5	40613.0	51.1	48.9	21.3
2011	103874.4	51327.3	52547.1	49.4	50.6	25.0
2012	117253.5	56175.2	61078.3	47.9	52.1	12.9

注：财政收入中不包括国内外债务收入。

1-24　国家财政支出及构成

年　份	国家财政支出（亿元）			构成（%）		财政支出增长速度（%）
		中央	地方	中央	地方	
2005	33930.3	8776.0	25154.3	25.9	74.1	19.1
2006	40422.7	9991.4	30431.3	24.7	75.3	19.1
2007	49781.4	11442.1	38339.3	23.0	77.0	23.2
2008	62592.7	13344.2	49248.5	21.3	78.7	25.7
2009	76299.9	15255.8	61044.1	20.0	80.0	21.9
2010	89874.2	15989.7	73884.4	17.8	82.2	17.8
2011	109247.8	16514.1	92733.7	15.1	84.9	21.6
2012	125953.0	18764.6	107188.3	14.9	85.1	15.3

注：财政支出中包括国内外债务付息支出。

1-25 各地区财政收入和支出（2012年）

单位：亿元

地　区	公共财政预算收入	税收收入	非税收入	公共财政预算支出
地方合计	**61078.3**	**47319.1**	**13759.2**	**107188.3**
北　京	3314.9	3124.8	190.2	3685.3
天　津	1760.0	1105.6	654.5	2143.2
河　北	2084.3	1560.6	523.7	4079.4
山　西	1516.4	1045.2	471.2	2759.5
内蒙古	1552.7	1119.9	432.9	3426.0
辽　宁	3105.4	2317.2	788.2	4558.6
吉　林	1041.3	760.6	280.7	2471.2
黑龙江	1163.2	837.8	325.4	3171.5
上　海	3743.7	3426.8	316.9	4184.0
江　苏	5860.7	4782.6	1078.1	7027.7
浙　江	3441.2	3227.8	213.5	4161.9
安　徽	1792.7	1305.1	487.6	3961.0
福　建	1776.2	1440.3	335.8	2607.5
江　西	1372.0	978.1	393.9	3019.2
山　东	4059.4	3050.2	1009.2	5904.5
河　南	2040.3	1469.6	570.8	5006.4
湖　北	1823.1	1324.4	498.6	3759.8
湖　南	1782.2	1110.7	671.4	4119.0
广　东	6229.2	5073.9	1155.3	7387.9
广　西	1166.1	762.5	403.6	2985.2
海　南	409.4	350.8	58.6	911.7
重　庆	1703.5	970.2	733.3	3046.4
四　川	2421.3	1827.0	594.2	5451.0
贵　州	1014.1	681.7	332.4	2755.7
云　南	1338.2	1063.9	274.3	3572.7
西　藏	86.6	70.1	16.5	905.3
陕　西	1600.7	1131.6	469.1	3323.8
甘　肃	520.4	347.8	172.6	2059.6
青　海	186.4	146.7	39.7	1159.0
宁　夏	264.0	207.0	56.9	864.4
新　疆	909.0	698.9	210.0	2720.1

1-26　旅游业发展情况

年　份	国际旅游(外汇)收入(亿美元)	国内旅游收　入(亿元)	国内游客(亿人次)	入境游客(万人次)	国内居民出境人数(万人次)	旅行社数(个)
2005	293.0	5285.9	12.1	12029.2	3102.6	16245
2006	339.5	6229.7	13.9	12494.2	3452.4	17957
2007	419.2	7770.6	16.1	13187.3	4095.4	18943
2008	408.4	8749.3	17.1	13002.7	4584.4	20110
2009	396.8	10183.7	19.0	12647.6	4765.6	20399
2010	458.1	12579.8	21.0	13376.2	5738.7	22784
2011	484.6	19305.4	26.4	13542.4	7025.0	23690
2012	500.3	22706.2	29.6	13240.5	8318.2	

1-27　国内旅游情况

年　份	国内游客			旅游总花费			人均花费		
	(百万人次)	城镇居民	农村居民	(亿元)	城镇居民	农村居民	(元)	城镇居民	农村居民
2005	1212	496	716	5285.9	3656.1	1629.7	436.1	737.1	227.6
2006	1394	576	818	6229.7	4414.7	1815.0	446.9	766.4	221.9
2007	1610	612	998	7770.6	5550.4	2220.2	482.6	906.9	222.5
2008	1712	703	1009	8749.3	5971.7	2777.6	511.0	849.4	275.3
2009	1902	903	999	10183.7	7233.8	2949.9	535.4	801.1	295.3
2010	2103	1065	1038	12579.8	9403.8	3176.0	598.2	883.0	306.0
2011	2641	1687	954	19305.4	14808.6	4496.8	731.0	877.8	471.4
2012	2957	1933	1024	22706.2	17678.0	5028.2	767.9	914.5	491.0

1-28 各地区接待入境过夜游客

单位：万人次

地 区	2010		2011		2012	
	总 计	#外国人	总 计	#外国人	总 计	#外国人
北 京	490.1	421.6	520.4	447.4	500.9	434.4
天 津	166.1	153.0	73.1	63.6	73.8	63.7
河 北	97.7	85.3	114.1	98.3	129.3	106.7
山 西	130.3	82.1	155.3	98.3	189.2	120.4
内蒙古	142.8	140.0	151.5	147.6	159.2	151.5
辽 宁	361.8	307.0	405.3	339.4	473.1	388.6
吉 林	82.0	72.2	99.3	85.5	118.3	100.9
黑龙江	172.4	164.8	206.5	197.8	207.6	194.7
上 海	733.7	593.1	668.6	555.0	651.2	539.6
江 苏	653.5	473.5	737.3	537.9	791.5	575.2
浙 江	684.7	447.4	773.7	515.0	865.9	570.5
安 徽	198.4	117.4	262.9	151.7	331.5	190.4
福 建	368.1	115.3	427.4	140.0	493.7	167.0
江 西	114.0	39.9	135.8	44.0	156.2	50.4
山 东	366.8	277.9	424.2	312.3	469.9	342.2
河 南	146.8	96.1	168.3	104.3	190.8	118.7
湖 北	181.7	138.5	213.5	160.1	264.7	193.0
湖 南	189.9	103.3	227.6	119.8	224.6	90.6
广 东	3140.9	733.3	3331.6	749.3	3489.4	773.1
广 西	250.2	141.4	302.8	171.5	350.3	192.7
海 南	66.3	47.4	81.4	56.2	81.6	52.0
重 庆	137.0	104.0	186.4	132.6	224.3	152.6
四 川	104.9	75.0	164.0	113.7	227.3	151.3
贵 州	50.0	18.6	58.5	23.6	70.5	30.4
云 南	329.2	231.2	395.4	281.0	457.8	329.8
西 藏	22.8	21.4	27.1	24.9	19.5	17.5
陕 西	212.2	155.2	270.4	189.9	335.2	233.7
甘 肃	7.0	5.0	9.1	5.5	10.2	6.7
青 海	4.7	3.4	5.2	4.1	4.7	3.8
宁 夏	1.8	1.3	1.9	1.4	1.9	1.4
新 疆	50.9	45.4	56.4	48.8	62.5	49.0

1-29 各地区国际旅游(外汇)收入

单位：百万美元

地 区	2008	2009	2010	2011	2012
北 京	4459.1	4356.7	5044.6	5416.0	5149.0
天 津	1001.4	1182.6	1419.5	1755.5	2226.4
河 北	274.0	307.8	350.7	447.7	544.9
山 西	300.7	377.9	464.6	567.2	720.2
内蒙古	577.2	558.3	601.9	671.0	772.0
辽 宁	1526.2	1856.2	2259.3	2713.1	3263.7
吉 林	211.4	242.9	304.9	385.3	494.8
黑龙江	870.0	638.7	762.5	917.6	835.5
上 海	4971.7	4744.0	6340.9	5751.2	5493.2
江 苏	3880.2	4016.0	4783.4	5653.0	6299.7
浙 江	3024.1	3223.6	3930.2	4541.7	5151.7
安 徽	454.5	565.8	709.0	1179.2	1562.7
福 建	2393.5	2599.2	2978.2	3634.4	4225.7
江 西	251.7	289.8	346.0	415.0	484.7
山 东	1391.1	1765.3	2155.0	2550.8	2923.7
河 南	374.4	433.0	498.8	549.0	611.4
湖 北	442.6	510.2	751.2	940.2	1203.0
湖 南	617.4	672.7	906.2	1014.3	928.4
广 东	9175.0	10028.1	12382.6	13906.2	15610.7
广 西	601.7	643.3	806.2	1051.9	1278.9
海 南	313.9	276.7	322.4	376.2	348.0
重 庆	449.8	537.2	703.2	968.1	1168.3
四 川	153.9	288.6	354.1	593.8	798.2
贵 州	117.0	110.4	129.6	135.1	168.9
云 南	1007.6	1172.2	1323.7	1608.6	1947.1
西 藏	31.1	78.7	103.6	129.6	105.7
陕 西	660.1	771.1	1016.0	1295.1	1597.5
甘 肃	16.0	12.5	14.8	17.4	22.4
青 海	10.2	15.4	20.5	26.6	24.3
宁 夏	3.0	4.4	6.0	6.2	5.5
新 疆	135.8	136.6	185.4	465.2	550.6

第二部分

文化及相关产业发展概况

2-1-1　文化及相关产业法人单位数

年　份	法人单位数	文化制造业	文化批发和零售业	文化服务业
绝对数(万个)				
2004	31.79	6.89	5.11	19.79
2008	46.08	8.88	5.53	31.66
2012	66.30	13.30	11.34	41.66
构成(%)				
2004	100.00	21.67	16.07	62.25
2008	100.00	19.27	12.00	68.71
2012	100.00	20.06	17.10	62.84

注：2004年和2008年数据分别来自第一、第二次全国经济普查，统计范围为《文化及相关产业分类》规定的行业范围。2012年数据来自国家统计局2012年文化及相关产业法人单位核查认定结果，统计范围为《文化及相关产业分类(2012)》规定的行业范围。

2-1-2　文化及相关产业法人单位数(2012年)

单位：个、%

类　别	法人单位数	构成
合　计	**662975**	**100.00**
一、新闻出版发行服务	19311	2.91
二、广播电视电影服务	13098	1.98
三、文化艺术服务	74305	11.21
四、文化信息传输服务	23288	3.51
五、文化创意和设计服务	169995	25.64
六、文化休闲娱乐服务	85702	12.93
七、工艺美术品的生产	57545	8.68
八、文化产品生产的辅助生产	111974	16.89
九、文化用品的生产	94641	14.28
十、文化专用设备的生产	13116	1.98

注：具体类别参见附录三《文化及相关产业分类(2012)》。

2-1-3 各地区文化及相关产业法人单位数(2012年底)

单位：个

地 区	法人单位数	文化制造业	文化批发和零售业	文化服务业
全 国	**662975**	**132962**	**113450**	**416563**
北 京	59948	2652	12106	45190
天 津	7141	1596	1501	4044
河 北	13340	3686	2517	7137
山 西	7107	784	956	5367
内蒙古	4463	448	507	3508
辽 宁	24923	3467	4381	17075
吉 林	2851	469	314	2068
黑龙江	9425	1148	1733	6544
上 海	48721	6309	10298	32114
江 苏	76246	18437	12949	44860
浙 江	71620	25193	12234	34193
安 徽	17762	2959	2507	12296
福 建	25346	6556	3905	14885
江 西	8164	3101	660	4403
山 东	45722	9991	9078	26653
河 南	22224	4288	3442	14494
湖 北	20293	2213	3176	14904
湖 南	22252	5288	2238	14726
广 东	81258	24397	15529	41332
广 西	16947	1914	2815	12218
海 南	1992	167	282	1543
重 庆	13714	1357	2133	10224
四 川	16761	1899	1360	13502
贵 州	6846	686	1026	5134
云 南	11417	866	1573	8978
西 藏	395	49	49	297
陕 西	15054	1846	2564	10644
甘 肃	3703	554	548	2601
青 海	1211	144	192	875
宁 夏	2143	186	422	1535
新 疆	3986	312	455	3219

2-1-4　文化及相关产业主要行业法人单位数

单位：个

年　份	新闻出版业	广播、电视、电影和音像业	文化艺术业	娱乐业
2005	5291	14539	29742	13896
2006	5460	14769	30970	15352
2007	5607	15139	32253	16850
2008	6278	13481	33830	20884
2009	6733	14432	37948	23516
2010	6943	15049	39803	25201
2011	7224	15935	43199	27242
2012	7814	17957	51735	33842

2-1-5　文化及相关产业增加值及占GDP比重

年　份	增加值（亿元）	增长（现价、%）	占GDP比重（%）
2004	3440		2.15
2005	4253	37.1	2.30
2006	5123	20.5	2.37
2007	6455	26.0	2.43
2008	7630	18.2	2.43
2009	8786	22.6	2.52
2010	11052	25.8	2.75
2011	13479	22.0	2.85
2012	18071	16.5	3.48

注：1. 2004-2011年按《文化及相关产业分类》规定的行业范围进行测算，2012年按《文化及相关产业分类(2012)》新标准规定的行业范围进行测算（下表同）。
2. 2004年、2008年根据经济普查数据测算，其他年份根据年报数据测算（下表同）。
3. 2009-2012年仅包括法人单位数据(下表同)。
4. 2011年按新标准调整为15516亿元、占GDP比重修正为3.28%。2012年的增长速度按新标准进行测算。

2-1-6　文化及相关产业法人单位增加值及构成

单位：亿元、%

年　份	增加值				构　成		
		文化制造业	文化批发和零售业	文化服务业	文化制造业	文化批发和零售业	文化服务业
2004	3102	1481	328	1241	47.7	10.6	40.0
2008	7166	2945	527	3639	41.1	7.4	50.8
2009	8786	3555	522	4642	40.5	5.9	52.8
2010	11052	4391	638	5937	39.7	5.8	53.7
2011	13479	5123	725	7536	38.0	5.4	55.9
2012	18071	7253	1187	9631	40.1	6.6	53.3

注：由于无财务数据单位无法归类，增加值分项合计略小于总计。

2-1-7 各地区文化及相关产业法人单位主要指标(2004年)

行业 地区	法人单位数 (万个)	从业人员 (万人)	资产总计 (亿元)	营业收入 (亿元)	#主营业务收入	增加值 (亿元)	占GDP比重 (%)
全　国	**31.79**	**873.26**	**18316.6**	**16561.5**	**16225.2**	**3101.7**	**1.94**
文化制造业	6.89	500.29	7862.6	8911.2	8720.0	1480.7	0.93
文化批发和零售业	5.11	71.50	2778.2	4227.0	4169.2	327.8	0.21
文化服务业	19.79	301.47	7675.9	3423.3	3336.0	1293.1	0.81
北　京	3.03	55.51	2942.4	1749.2		385.9	6.37
天　津	0.58	15.10	389.8	331.4		62.1	2.00
河　北	0.71	25.53	360.5	256.2		75.0	0.89
山　西	0.57	14.42	142.9	107.7		36.4	1.02
内蒙古	0.32	10.11	78.1	85.7		32.3	1.07
辽　宁	1.20	28.25	551.0	406.3		89.6	1.34
吉　林	0.41	12.29	155.4	102.2		40.6	1.30
黑龙江	0.45	15.94	190.2	139.2		47.8	1.01
上　海	3.00	50.12	1747.5	1782.3		269.5	3.34
江　苏	2.66	71.57	1349.8	1570.4		258.6	1.72
浙　江	3.13	79.22	1523.3	1366.6		273.1	2.34
安　徽	0.68	21.61	286.7	217.3		55.5	1.17
福　建	1.27	48.33	675.0	727.7		137.6	2.39
江　西	0.50	15.69	162.0	130.1		42.0	1.22
山　东	1.72	75.17	1268.3	1628.6		286.9	1.91
河　南	0.93	36.93	366.2	381.3		101.4	1.19
湖　北	0.74	24.88	369.7	231.1		71.3	1.27
湖　南	0.75	25.76	438.6	318.9		108.8	1.93
广　东	3.63	231.14	3428.6	4286.2		698.9	3.70
广　西	0.80	19.14	226.9	163.0		51.1	1.49
海　南	0.18	4.62	152.8	51.7		13.4	1.68
重　庆	0.43	14.26	204.3	163.5		37.6	1.40
四　川	1.57	36.97	729.5	484.5		85.4	1.34
贵　州	0.30	7.69	74.4	58.7		24.1	1.43
云　南	0.61	14.66	240.5	157.3		47.3	1.54
西　藏	0.03	1.50	8.5	4.6		4.6	2.08
陕　西	0.58	16.35	229.0	151.6		45.7	1.44
甘　肃	0.37	8.50	78.1	50.5		18.1	1.07
青　海	0.10	2.93	16.3	11.2		5.1	1.09
宁　夏	0.14	3.88	61.8	33.7		9.8	1.82
新　疆	0.39	8.30	104.2	65.1		24.6	1.09

注：本表数据根据第一次全国经济普查数据测算。

2-1-8　各地区文化及相关产业法人单位主要指标(2008年)

行　业 地　区	法人单位数 (万个)	从业人员 (万人)	资产总计 (亿元)	营业收入 (亿元)	#主营业务收入	增加值 (亿元)	占GDP比重 (%)
全　国	**46.07**	**1008.22**	**27486.6**	**27244.3**	**26802.2**	**7166.1**	**2.28**
文化制造业	8.88	508.14	10438.2	14477.6	14201.3	2944.8	0.94
文化批发和零售业	5.53	63.59	3177.4	4504.1	4454.5	526.7	0.17
文化服务业	31.66	436.49	13870.9	8262.6	8146.3	3694.6	1.18
北　京	3.77	58.20	3584.9	2678.0	2634.6	641.4	5.77
天　津	0.91	15.71	918.2	549.3	545.5	92.4	1.38
河　北	1.22	24.10	475.2	359.0	355.8	122.4	0.76
山　西	0.84	13.45	207.0	115.7	114.1	72.1	0.99
内蒙古	0.60	9.84	167.8	275.4	273.1	111.2	1.31
辽　宁	1.79	27.46	687.1	688.5	672.1	179.7	1.31
吉　林	0.67	12.89	307.0	222.8	220.6	108.9	1.69
黑龙江	0.74	13.52	258.6	235.1	231.3	104.1	1.25
上　海	2.90	47.37	2261.1	2459.9	2429.1	378.4	2.69
江　苏	3.72	78.24	2084.9	2551.5	2523.0	644.8	2.08
浙　江	4.43	87.16	2694.2	2334.2	2294.1	529.7	2.47
安　徽	1.30	23.11	447.7	376.8	371.5	117.8	1.33
福　建	1.80	45.65	1092.2	1039.4	1029.7	296.5	2.74
江　西	0.69	19.68	349.6	398.7	396.1	159.2	2.28
山　东	3.38	77.45	1895.3	2547.0	2453.4	651.0	2.10
河　南	1.62	39.97	618.7	767.1	759.3	249.7	1.39
湖　北	1.69	25.31	465.0	383.8	376.2	158.9	1.40
湖　南	1.57	27.48	592.0	611.0	607.0	283.9	2.46
广　东	4.91	240.33	5413.3	6565.2	6469.0	1545.0	4.20
广　西	1.14	19.56	363.9	266.5	259.4	99.4	1.42
海　南	0.25	4.76	242.7	82.5	81.8	21.7	1.45
重　庆	0.91	12.91	275.2	288.0	284.1	103.8	1.79
四　川	1.87	28.29	943.4	719.4	709.5	182.5	1.45
贵　州	0.46	6.41	105.9	77.8	75.7	26.6	0.75
云　南	0.77	13.27	353.2	224.6	216.3	77.2	1.36
西　藏	0.05	0.96	18.7	5.6	5.5	8.7	2.21
陕　西	0.88	16.72	354.9	235.5	232.6	116.0	1.59
甘　肃	0.41	7.39	88.4	57.2	55.1	28.9	0.91
青　海	0.12	2.06	19.7	12.8	12.5	10.3	1.01
宁　夏	0.16	2.64	84.3	35.6	35.3	13.8	1.14
新　疆	0.51	6.31	116.6	80.6	78.8	30.1	0.72

注：本表数据根据第二次全国经济普查数据测算。

2-2-1 文化及相关产业固定资产投资实际到位资金

单位：亿元、%

年份	合计	国家预算资金	国内贷款	利用外资	自筹资金	其他资金	新增固定资产	固定资产交付使用率
2005	2892.3	103.1	297.3	237.5	2063.1	191.2	1796.7	64.3
2006	3404.5	129.4	361.6	173.5	2539.3	200.8	1948.1	59.0
2007	4301.1	186.7	400.3	237.2	3200.0	276.9	2273.0	54.8
2008	5725.7	285.9	431.8	279.8	4359.4	368.8	3142.3	56.0
2009	7803.8	383.8	804.0	209.2	5916.8	490.0	4757.5	63.1
2010	9583.7	496.2	822.1	238.8	7492.5	534.2	5453.9	60.0
2011	11003.6	562.8	895.3	249.9	8741.8	553.7	6609.4	63.3
2012	16256.6	836.9	1284.0	313.0	13095.5	727.1	9567.5	61.2

注：不含农户数据(表2-2-2至表2-2-6同)。

2-2-2 文化及相关产业主要行业固定资产投资实际到位资金(2012年)

单位：亿元、%

主要行业	合计	国家预算资金	国内贷款	利用外资	自筹资金	其他资金	新增固定资产	固定资产交付使用率
新闻出版业	74.5	3.9	16.1		54.3	0.3	31.1	44.9
广播、电视、电影和音像业	272.0	24.8	16.9		217.5	12.8	142.8	57.9
文化艺术业	2059.9	290.2	117.4	18.5	1482.0	151.9	1122.0	56.9
娱乐业	1232.6	17.7	94.7	16.6	1059.6	44.0	568.0	49.8

2-2-3 分类别文化及相关产业固定资产投资情况(2012年)

类别	投资额(万元)	构成(%)
合 计	**156426250**	**100.00**
一、新闻出版发行服务	1022953	0.65
二、广播电视电影服务	2428226	1.55
三、文化艺术服务	25067226	16.02
四、文化信息传输服务	4500535	2.88
五、文化创意和设计服务	6570059	4.20
六、文化休闲娱乐服务	48576816	31.05
七、工艺美术品的生产	23467237	15.00
八、文化产品生产的辅助生产	32469892	20.76
九、文化用品的生产	7104424	4.54
十、文化专用设备的生产	5218882	3.34

2-2-4　各地区文化及相关产业固定资产投资

单位：万元

地 区	2005	2006	2007	2008	2009	2010	2011	2012
全 国	**27959612**	**33021537**	**41468447**	**56089707**	**75416950**	**90885175**	**104455303**	**156426250**
北 京	621357	895511	1203793	1297396	1310447	1763215	1811466	2958510
天 津	255097	339228	467752	902252	961984	2003998	2231773	4087848
河 北	1433419	1852698	2291215	2685030	3857174	5238031	5576719	9624071
山 西	218987	273690	455422	628416	1281867	1701377	1834253	2722256
内蒙古	435383	565120	1017800	1016661	1484789	1960465	2689276	3061915
辽 宁	940288	1413836	1738882	2245970	3226859	3755347	4715288	7366250
吉 林	345977	643200	940322	1288835	1538414	2369582	1800830	3041038
黑龙江	369595	421219	563714	523812	953215	1416331	1795016	3638691
上 海	938740	492285	607393	1219930	1881511	1143150	806375	1915334
江 苏	2969782	2913847	3553261	4935334	6058482	7636733	8716819	14383597
浙 江	3042950	3038878	3482220	4419420	4968869	5192974	5531592	6965973
安 徽	677605	1040014	1606892	1901992	2906888	3511837	3918544	6674015
福 建	558089	875522	1306734	1835369	2330089	2825877	4078631	6108062
江 西	709938	883021	1203140	1935472	3091304	4296084	5150786	8097499
山 东	4543512	4987563	4914805	8446692	11509288	12889573	14113621	20163093
河 南	1530266	1866452	2934909	3692764	5242120	6791654	6805527	8466733
湖 北	832864	1063327	1392459	1886427	3032072	3527568	3968475	6222233
湖 南	814485	1076456	1371074	1955866	2954063	3347813	4815219	8643378
广 东	2834268	3429594	4310554	4395724	5189135	5500725	7068278	8767815
广 西	479475	604003	784185	1150620	1694818	2125396	2844772	4078112
海 南	105258	162991	177811	532732	875456	923593	683962	842654
重 庆	434095	495861	760797	1195337	1214712	1940720	2346382	3675129
四 川	1288896	1717433	1649983	2310197	3245313	4048637	3782082	5194133
贵 州	221668	240955	299948	366132	347571	460871	642014	715251
云 南	262169	403863	527189	686182	985359	1247579	1996848	2113237
西 藏	47291	50172	54558	84952	98769	118720	165556	320715
陕 西	523505	682076	1153154	1635420	2068751	1948269	2816240	3715436
甘 肃	144631	178609	206302	225669	348308	439954	780165	1266001
青 海	36310	52626	104951	121105	158547	161868	176607	428814
宁 夏	98825	145373	172700	211118	184700	138612	169311	225405
新 疆	244887	216114	214528	356881	416076	458622	622876	943052

2-2-5 文化及相关产业施工和投产项目情况

单位：个、%

年 份	施工项目	#新开工	全部建成投产项目	项目建成投产率
2005	18748	14099	10712	57.1
2006	18932	13733	10432	55.1
2007	20474	14440	11358	55.5
2008	23379	16423	13529	57.9
2009	28392	21096	17729	62.4
2010	27674	19363	17724	64.0
2011	21803	14366	13279	60.9
2012	27774	19492	16679	60.1

2-2-6 文化及相关产业主要行业施工和投产项目情况(2012年)

单位：个、%

主要行业	施工项目	#新开工	全部建成投产项目	项目建成投产率
新闻出版业	108	57	47	43.5
广播、电视、电影和音像业	504	336	304	60.3
文化艺术业	3758	2527	2090	55.6
娱乐业	1681	1264	1077	64.1

2-3-1　城乡居民家庭人均收入与文化消费支出

单位：元、%

年　份	城镇居民家庭							
	人均可支配收入	人均现金消费支出	#文化娱乐消费支出	文化娱乐用品	文化娱乐服务	文化娱乐消费支出占现金消费支出的比重	文化娱乐用品	文化娱乐服务
2005	10493	7943	526	280	246	6.6	3.5	3.1
2006	11759	8697	591	310	281	6.8	3.6	3.2
2007	13786	9997	691	343	348	6.9	3.4	3.5
2008	15781	11243	736	355	381	6.5	3.2	3.4
2009	17175	12265	827	381	446	6.7	3.1	3.6
2010	19109	13471	966	407	559	7.2	3.0	4.2
2011	21810	15161	1102	450	652	7.3	3.0	4.3
2012	24565	16674	1214	452	762	7.3	2.7	4.6

年　份	农村居民家庭							
	人均纯收入	人均现金消费支出	#文教娱乐消费支出	文教娱乐用品	文教娱乐服务	文教娱乐消费支出占现金消费支出的比重	文教娱乐用品	文教娱乐服务
2005	3255	2135	295	54	242	13.8	2.5	11.3
2006	3587	2415	305	56	249	12.6	2.3	10.3
2007	4140	2767	306	62	244	11.0	2.2	8.8
2008	4761	3159	315	66	248	10.0	2.1	7.9
2009	5153	3505	341	74	267	9.7	2.1	7.6
2010	5919	3859	367	83	284	9.5	2.1	7.4
2011	6977	4733	396	111	286	8.4	2.3	6.0
2012	7917	5414	445	119	327	8.2	2.2	6.0

2-3-2 按收入五等份分城镇居民家庭人均文化娱乐消费支出

单位：元、%

项目		2005	2006	2007	2008	2009	2010	2011	2012
城 镇	消费支出	526	591	691	736	827	966	1102	1214
	占比	6.62	6.80	6.91	6.55	6.74	7.17	7.27	7.28
低收入户(20%)	消费支出	113	138	163	172	202	249	307	358
	占比	3.04	3.35	3.37	3.21	3.46	3.88	4.11	4.23
中等偏下户(20%)	消费支出	261	292	354	353	420	508	573	661
	占比	4.68	4.78	4.97	4.42	4.81	5.26	5.27	5.38
中等收入户(20%)	消费支出	408	460	558	573	665	789	904	1003
	占比	5.59	5.81	6.13	5.54	5.88	6.26	6.44	6.38
中等偏上户(20%)	消费支出	663	738	829	908	1049	1226	1406	1538
	占比	7.05	7.22	7.17	6.82	7.01	7.60	7.74	7.75
高收入户(20%)	消费支出	1387	1533	1762	2013	2180	2482	2793	3029
	占比	8.90	8.99	9.13	9.03	9.07	9.42	9.48	9.59

2-3-3 按收入五等份分农村居民家庭人均文教娱乐消费支出

单位：元、%

项目		2005	2006	2007	2008	2009	2010	2011	2012
农 村	消费支出	295	305	306	315	341	367	396	445
	占比	13.84	12.63	11.05	9.96	9.72	9.50	8.37	8.23
低收入户(20%)	消费支出	155	146	145	147	156	165	202	230
	占比	13.37	11.82	10.16	8.78	8.22	8.16	7.15	7.06
中等偏下户(20%)	消费支出	209	202	197	195	210	235	267	294
	占比	14.08	12.48	10.40	9.04	8.85	8.76	7.72	7.46
中等收入户(20%)	消费支出	262	273	263	277	296	318	344	387
	占比	14.01	12.76	10.70	10.02	9.75	9.28	7.99	7.87
中等偏上户(20%)	消费支出	345	372	355	383	416	446	472	533
	占比	14.15	13.32	11.11	10.46	10.19	9.95	8.57	8.30
高收入户(20%)	消费支出	571	609	655	662	722	782	816	919
	占比	13.62	12.46	11.78	10.40	10.31	10.15	9.36	9.34

注：占比指占现金消费支出的比重。

2-3-4 各地区城镇居民家庭人均文化娱乐消费支出

单位：元

地 区	2005	2006	2007	2008	2009	2010	2011	2012
全 国	**526.1**	**591.0**	**690.8**	**736.1**	**826.9**	**966.3**	**1101.7**	**1213.9**
北 京	1261.8	1540.2	1507.0	1574.3	1730.3	1873.0	2135.6	2481.7
天 津	567.3	702.6	866.2	893.7	1023.6	1147.0	1335.2	1329.0
河 北	386.8	411.6	499.4	559.8	621.2	580.5	680.5	722.4
山 西	383.7	468.0	471.7	471.1	522.5	621.9	696.5	786.4
内蒙古	464.0	537.0	691.8	815.2	874.9	996.2	1071.7	1185.3
辽 宁	320.4	342.7	443.4	475.3	549.6	763.6	856.6	1027.3
吉 林	298.1	398.4	417.2	495.6	366.7	580.3	729.2	759.6
黑龙江	322.6	359.7	381.0	354.5	432.9	473.0	592.2	589.3
上 海	1136.6	1206.5	1450.1	1708.6	1947.8	2195.4	2460.8	2482.4
江 苏	631.6	745.6	972.8	1048.8	1123.8	1301.5	1689.9	1966.1
浙 江	877.0	893.5	960.4	1017.0	1113.8	1352.0	1483.5	1539.6
安 徽	313.6	326.1	502.1	526.7	587.5	782.9	854.4	984.6
福 建	575.6	688.5	797.6	766.8	907.5	1180.7	1249.9	1348.7
江 西	412.6	474.1	499.8	557.5	642.9	706.1	818.6	938.7
山 东	493.4	569.4	614.8	697.3	760.3	795.2	881.6	963.9
河 南	383.4	423.9	481.3	524.6	570.5	740.8	829.3	975.5
湖 北	387.5	440.7	528.8	466.3	580.0	655.9	798.8	926.1
湖 南	556.5	608.9	662.8	566.6	630.8	813.4	899.2	950.4
广 东	913.2	1010.2	1182.8	1215.8	1390.3	1550.6	1718.9	1875.7
广 西	470.7	452.6	600.6	597.9	707.6	789.2	940.8	946.2
海 南	304.9	352.2	405.0	471.1	503.5	523.0	576.7	747.3
重 庆	618.6	632.9	641.2	730.6	813.0	935.6	1014.8	990.1
四 川	459.4	496.1	518.0	525.0	625.7	789.6	835.3	965.3
贵 州	428.7	514.4	546.0	498.5	710.7	760.5	844.1	896.1
云 南	438.2	433.1	403.8	438.7	519.8	691.4	888.6	931.4
西 藏	250.2	87.4	177.4	214.1	265.1	279.7	286.7	325.1
陕 西	380.1	506.7	544.8	584.3	750.3	843.8	984.4	1123.0
甘 肃	436.9	489.3	535.6	507.9	598.7	659.3	711.3	870.9
青 海	442.6	457.1	534.7	491.9	522.1	558.3	639.7	675.2
宁 夏	381.7	520.3	487.4	578.6	637.5	801.8	874.5	934.8
新 疆	285.1	357.7	407.8	395.3	451.6	579.0	607.6	680.8

2-3-5 各地区农村居民家庭人均文教娱乐消费支出

单位：元

地 区	2005	2006	2007	2008	2009	2010	2011	2012
全 国	**295.5**	**305.1**	**305.7**	**314.5**	**340.6**	**366.7**	**396.4**	**445.5**
北 京	797.0	844.1	870.1	883.4	960.4	950.6	1003.7	1152.7
天 津	328.9	315.6	312.1	324.5	371.9	462.3	542.1	766.1
河 北	225.8	265.4	243.3	250.1	263.5	296.1	315.4	358.5
山 西	279.5	339.8	371.0	380.7	416.9	420.2	448.4	498.0
内蒙古	309.4	398.5	423.8	399.4	390.9	374.2	525.9	514.0
辽 宁	376.9	354.6	362.8	388.0	437.8	500.3	550.0	556.6
吉 林	261.1	346.8	339.8	341.7	376.8	454.1	456.8	606.3
黑龙江	277.0	279.7	312.3	437.6	496.4	560.7	464.7	518.0
上 海	936.5	919.9	857.5	855.3	942.8	997.7	916.1	952.1
江 苏	478.9	544.1	642.5	713.2	818.5	908.1	1044.6	1184.2
浙 江	723.0	731.7	750.7	747.0	843.3	839.2	846.1	902.2
安 徽	256.8	290.7	283.2	294.8	312.1	363.9	376.2	385.9
福 建	356.5	333.6	356.3	390.2	421.7	462.2	506.7	565.8
江 西	276.3	287.5	252.8	236.0	254.8	285.2	319.4	342.7
山 东	377.2	408.8	424.9	417.3	400.0	421.9	482.7	501.0
河 南	177.7	198.6	212.4	214.4	234.0	250.5	278.2	343.8
湖 北	271.9	292.3	284.1	267.1	281.7	288.1	341.9	394.6
湖 南	329.3	341.7	293.9	278.7	291.0	315.9	346.6	400.2
广 东	360.7	303.4	254.9	272.9	296.7	326.5	404.2	466.6
广 西	226.4	198.2	172.5	172.7	192.5	182.6	218.7	270.2
海 南	198.7	238.5	224.0	288.5	287.9	318.0	224.9	254.0
重 庆	249.7	189.7	196.0	211.8	237.4	239.0	334.8	394.2
四 川	225.2	196.6	177.2	173.3	206.7	218.6	276.6	329.3
贵 州	160.9	138.1	147.3	122.1	151.6	186.2	183.0	226.4
云 南	182.6	177.9	181.7	168.6	177.7	206.5	241.1	289.2
西 藏	28.2	64.3	65.4	62.3	61.1	51.1	40.9	40.9
陕 西	297.3	296.1	304.5	352.0	380.4	397.6	405.6	445.5
甘 肃	257.9	228.4	208.9	219.9	217.4	238.0	292.7	327.3
青 海	109.5	118.7	135.1	148.9	173.8	198.5	265.4	283.3
宁 夏	177.9	168.9	192.0	192.6	217.2	241.1	324.4	373.4
新 疆	159.3	157.0	166.3	169.0	158.1	170.2	229.7	261.7

2-3-6　城镇居民家庭平均每百户年末文化耐用消费品拥有量

年　份 地　区	彩色电视机 （台）	计算机 （台）	组合音响 （套）	摄像机 （架）	照相机 （台）	钢　琴 （架）	其他中高档乐器 （件）
2005	134.80	41.52	28.79	4.32	46.94		
2010	137.43	71.16	28.08	8.20	43.70		
2011	135.15	81.88	23.97	9.42	44.48		
2012	136.07	87.03	23.63	10.00	46.42	2.81	4.64
北　京	141.20	112.13	25.45	24.64	90.16	5.00	7.83
天　津	121.62	98.69	17.07	16.20	58.94	1.56	2.87
河　北	115.96	75.53	17.08	8.75	36.96	1.54	1.89
山　西	111.17	74.07	13.24	6.14	32.64	1.81	3.66
内蒙古	105.27	62.60	13.07	8.98	33.39	1.79	3.35
辽　宁	114.67	77.67	17.97	12.62	40.32	2.95	3.47
吉　林	114.58	74.71	12.60	9.17	36.23	2.08	4.88
黑龙江	108.10	60.52	7.44	7.13	26.58	1.22	2.68
上　海	192.32	144.37	49.25	18.94	97.61	7.58	8.57
江　苏	173.47	100.30	22.43	10.76	50.77	3.46	4.51
浙　江	186.41	106.34	28.40	10.25	53.91	4.17	4.80
安　徽	144.96	79.57	16.22	7.89	34.88	1.56	3.81
福　建	174.25	109.09	29.08	9.02	52.48	4.01	5.15
江　西	156.68	78.17	20.76	5.66	35.80	1.46	4.18
山　东	121.20	88.91	20.75	13.94	60.76	4.43	8.40
河　南	126.31	74.41	15.68	6.36	37.09	1.75	4.42
湖　北	132.52	81.91	27.15	8.51	40.50	2.99	3.66
湖　南	122.62	74.77	18.26	6.29	30.68	1.13	1.92
广　东	141.07	113.89	48.15	13.89	67.11	4.53	5.80
广　西	136.68	98.44	36.20	7.48	50.86	1.23	6.55
海　南	113.30	65.56	19.58	4.13	19.50	0.55	1.55
重　庆	134.50	78.96	23.32	7.41	33.18	1.29	2.66
四　川	137.93	74.25	21.58	6.64	35.77	1.56	2.75
贵　州	115.67	71.22	28.02	6.39	29.87	2.66	3.62
云　南	121.06	69.85	36.32	8.53	41.26	2.58	8.19
西　藏	128.80	63.11	29.84	10.76	47.71	0.97	1.55
陕　西	119.19	84.82	18.59	8.29	50.89	2.32	5.82
甘　肃	108.22	63.19	20.72	5.70	27.44	2.19	6.20
青　海	105.67	55.71	10.73	4.14	22.83	1.29	3.10
宁　夏	102.11	64.43	12.52	5.49	22.58	1.11	3.57
新　疆	106.72	65.75	15.99	8.52	33.79	2.63	6.21

2-3-7 农村居民家庭平均每百户年末文化耐用消费品拥有量

年 份 地 区	黑白电视机 (台)	彩色电视机 (台)	照相机 (台)	计算机 (台)
2005	21.77	84.08	4.05	2.10
2010	6.38	111.79	5.17	10.37
2011	1.66	115.46	4.55	17.96
2012	1.44	116.90	5.18	21.30
北 京	0.20	136.03	36.57	66.70
天 津	0.14	125.29	22.71	43.71
河 北	0.69	121.76	4.05	30.40
山 西	1.24	109.24	2.62	27.67
内蒙古	1.21	105.58	3.01	11.21
辽 宁	0.28	112.18	5.97	20.23
吉 林	0.25	117.00	2.13	20.75
黑龙江	0.58	108.75	3.35	19.24
上 海	2.83	189.50	20.17	49.17
江 苏	2.50	144.21	13.21	44.97
浙 江	2.48	172.22	15.04	47.89
安 徽	3.26	116.16	2.16	13.87
福 建	0.40	137.59	8.43	36.16
江 西	3.06	120.49	2.61	13.31
山 东	1.38	113.52	5.45	31.50
河 南	0.98	111.21	2.67	20.21
湖 北	1.48	116.24	3.64	19.73
湖 南	1.70	111.24	3.14	11.95
广 东	0.61	118.32	8.03	31.68
广 西	1.21	109.91	2.16	11.73
海 南	0.92	98.67	1.83	8.42
重 庆	0.78	107.78	4.28	14.50
四 川	2.20	106.68	2.58	9.95
贵 州	0.31	95.94	1.56	4.87
云 南	0.46	101.83	3.42	6.17
西 藏	1.62	106.49	1.55	0.54
陕 西	1.17	113.51	3.60	17.91
甘 肃	1.50	106.28	2.67	11.39
青 海	0.69	107.08	6.39	8.75
宁 夏	1.88	123.25	2.63	14.88
新 疆	4.19	96.90	3.42	12.45

2-3-8 各地区城乡居民家庭人均文化消费现金支出(2012年)

单位：元

地 区	城镇居民家庭				农村居民家庭	
	人均现金消费支出	#文化娱乐	#文化娱乐用品	#文化娱乐服务	人均现金消费支出	#文教娱乐用品和服务
全 国	**16674.3**	**1213.9**	**451.9**	**762.0**	**5414.5**	**445.5**
北 京	24045.9	2481.7	823.5	1658.2	11828.0	1152.7
天 津	20024.2	1329.0	553.2	775.8	8305.5	766.1
河 北	12531.1	722.4	320.9	401.5	5172.5	358.5
山 西	12211.5	786.4	380.9	405.5	5359.0	498.0
内蒙古	17717.1	1185.3	514.3	671.0	5731.2	514.0
辽 宁	16593.6	1027.3	436.0	591.3	5666.4	556.6
吉 林	14613.5	759.6	347.4	412.2	5712.5	606.3
黑龙江	12983.6	589.3	285.7	303.5	5451.8	518.0
上 海	26253.5	2482.4	917.1	1565.3	11746.6	952.1
江 苏	18825.3	1966.1	670.6	1295.5	8796.5	1184.2
浙 江	21545.2	1539.6	512.3	1027.3	10486.0	902.2
安 徽	15011.7	984.6	413.6	571.0	5153.8	385.9
福 建	18593.2	1348.7	500.8	847.9	6998.8	565.8
江 西	12775.7	938.7	321.6	617.1	4456.1	342.7
山 东	15778.2	963.9	463.0	500.9	6513.8	501.0
河 南	13733.0	975.5	392.8	582.7	4779.6	343.8
湖 北	14496.0	926.1	304.2	621.9	5070.7	394.6
湖 南	14609.0	950.4	330.3	620.2	5023.8	400.2
广 东	22396.4	1875.7	552.1	1323.7	6867.2	466.6
广 西	14244.0	946.2	424.8	521.4	4165.2	270.2
海 南	14456.6	747.3	322.4	424.8	4435.6	254.0
重 庆	16573.1	990.1	332.7	657.4	4359.5	394.2
四 川	15049.5	965.3	377.0	588.3	4487.9	329.3
贵 州	12585.7	896.1	315.9	580.3	3157.4	226.4
云 南	13883.9	931.4	288.7	642.7	3735.3	289.2
西 藏	11184.3	325.1	139.2	185.9	2303.6	40.9
陕 西	15332.8	1123.0	443.0	680.0	4883.9	445.5
甘 肃	12847.1	870.9	386.8	484.1	3689.0	327.3
青 海	12346.3	675.2	328.5	346.7	4773.3	283.3
宁 夏	14067.2	934.8	386.8	548.0	4913.6	373.4
新 疆	13891.7	680.8	359.5	321.3	4784.7	261.7

2-3-9 文化娱乐用品及服务居民消费价格指数

上年=100

年 份	居民消费价格指数	#文娱用耐用消费品及服务	#文化娱乐	#旅游
2005	101.8	93.8	101.2	99.6
2006	101.5	94.2	101.0	103.1
2007	104.8	93.1	101.0	102.3
2008	105.9	92.3	101.3	101.1
2009	99.3	90.6	102.5	97.5
2010	103.3	94.3	101.0	104.9
2011	105.4	93.7	101.1	103.8
2012	102.6	94.5	101.3	101.7

2-3-10 按城乡分文化娱乐用品及服务居民消费价格指数(2012年)

上年=100

项 目	全国	城市	农村
居民消费价格指数	**102.6**	**102.7**	**102.5**
#文娱用耐用消费品及服务	94.5	94.0	96.0
#文化娱乐	101.3	101.3	101.1
文化娱乐用品	100.4	100.3	100.7
书报杂志	101.4	101.4	101.1
文娱费	101.9	101.9	101.6
#旅游	101.7	101.4	103.4

2-4-1　核心文化产品进出口情况

单位：亿美元、%

年　份	进出口总额			贸易差额	增　长		
		出口额	进口额		进出口	出口	进口
2005	82.3	78.9	3.5	75.4	19.7	22.6	-22.5
2006	102.1	96.4	5.7	90.8	24.0	22.3	62.9
2007	129.2	106.8	22.4	84.3	26.6	10.7	295.6
2008	158.4	136.9	21.5	115.3	22.6	28.2	-4.0
2009	125.0	104.2	20.8	83.4	-21.1	-23.9	-3.3
2010	143.9	116.7	27.2	89.5	15.1	12.0	30.5
2011	198.9	186.9	12.1	174.8	38.3	60.2	-55.6
2012	274.5	259.0	15.6	243.4	38.0	38.5	28.6

2-4-2　按商品类别分核心文化产品进出口情况(2012年)

单位：亿美元、%

项　　目	进出口总额			贸易差额	增　长	
		出口额	进口额		出口	进口
合　计	**274.55**	**259.00**	**15.55**	**243.45**	**38.5**	**28.6**
文化遗产	0.60	0.04	0.55	-0.51	251.4	306.0
印刷品	34.64	28.48	6.16	22.31	7.0	9.7
图书	19.88	17.83	2.05	15.79	7.0	12.8
报纸和期刊	2.60	0.22	2.38	-2.16	8.7	8.3
其他印刷品	12.16	10.42	1.74	8.68	6.9	8.0
声像制品	2.32	0.68	1.64	-0.95	-66.2	-18.6
视觉艺术品	143.37	142.14	1.23	140.91	52.4	19.1
绘画	2.62	2.53	0.09	2.44	18.4	-44.6
其他视觉艺术品	140.75	139.61	1.14	138.47	53.2	31.1
视听媒介	76.88	72.54	4.34	68.20	42.5	131.7
摄影	0.35	0.02	0.33	-0.30	106.6	29.3
电影	0.05	0.00	0.05	-0.05	287.1	-72.8
新型媒介	76.48	72.51	3.96	68.55	42.5	175.4
其他	16.74	15.11	1.63	13.49	6.7	14.9

2-4-3 按贸易方式分核心文化产品进出口情况(2012年)

单位：亿美元、%

项 目	进出口总额			增长	
		出口额	进口额	出口额	进口额
贸易总额	**274.55**	**259.00**	**15.55**	**38.52**	**28.64**
一般贸易	158.17	149.81	8.35	48.30	14.56
加工贸易	96.74	92.37	4.37	29.46	28.75
其他贸易	19.64	16.81	2.83	15.09	101.51

2-4-4 按企业性质分核心文化产品进出口情况(2012年)

单位：亿美元、%

项 目	进出口总额			增长	
		出口额	进口额	出口额	进口额
贸易总额	**274.55**	**259.00**	**15.55**	**38.52**	**28.64**
国有企业	15.47	10.03	5.43	-19.68	7.66
外资企业	116.31	109.68	6.63	28.60	21.92
集体、私营及其他企业	142.77	139.28	3.49	56.15	117.40

2-4-5　核心文化产品前十五位出口市场(2007-2012)

位　次	2007		2008		2009	
	国别(地区)	累计金额(亿美元)	国别(地区)	累计金额(亿美元)	国别(地区)	累计金额(亿美元)
1	美国	48.20	美国	58.04	美国	61.80
2	中国香港	25.78	中国香港	31.15	中国香港	26.32
3	德国	8.85	德国	14.75	德国	18.99
4	英国	7.66	英国	8.85	荷兰	10.65
5	日本	5.90	日本	7.14	英国	9.92
6	荷兰	4.19	荷兰	5.26	日本	7.28
7	阿联酋	2.84	俄罗斯	3.90	澳大利亚	4.41
8	加拿大	2.25	阿联酋	3.41	韩国	3.80
9	意大利	2.19	加拿大	3.30	加拿大	3.16
10	俄罗斯	2.00	澳大利亚	3.04	阿联酋	2.61
11	澳大利亚	1.88	意大利	2.50	意大利	2.39
12	法国	1.61	新加坡	2.17	新加坡	2.10
13	西班牙	1.45	韩国	2.02	法国	1.99
14	韩国	1.20	法国	1.69	巴西	1.62
15	中国台湾	0.82	西班牙	1.65	俄罗斯	1.53

位　次	2010		2011		2012	
	国别(地区)	累计金额(亿美元)	国别(地区)	累计金额(亿美元)	国别(地区)	累计金额(亿美元)
1	美国	54.57	美国	63.94	美国	75.35
2	德国	13.50	德国	17.03	日本	19.37
3	中国香港	12.94	中国香港	12.96	德国	18.05
4	英国	8.29	英国	11.46	中国香港	14.69
5	日本	5.78	荷兰	7.60	英国	12.10
6	荷兰	5.25	日本	7.20	荷兰	10.83
7	阿联酋	3.02	阿联酋	3.92	韩国	8.83
8	意大利	2.90	澳大利亚	3.75	新加坡	5.73
9	澳大利亚	2.70	意大利	3.41	阿联酋	5.62
10	加拿大	2.57	加拿大	3.32	澳大利亚	4.90
11	法国	2.24	俄罗斯	2.87	马来西亚	4.45
12	俄罗斯	2.10	巴西	2.68	巴西	4.30
13	韩国	2.04	法国	2.60	加拿大	4.28
14	新加坡	1.85	西班牙	2.32	法国	3.35
15	西班牙	1.80	韩国	2.18	西班牙	3.34

2-4-6 核心文化产品前十五位进口市场(2007-2012)

位次	2007 国别(地区)	2007 累计金额(亿美元)	2008 国别(地区)	2008 累计金额(亿美元)	2009 国别(地区)	2009 累计金额(亿美元)
1	美国	1.33	美国	1.71	美国	1.79
2	中国香港	1.23	日本	1.30	日本	1.55
3	日本	1.14	中国香港	1.04	中国香港	0.75
4	英国	0.50	英国	0.57	英国	0.61
5	德国	0.34	德国	0.40	德国	0.51
6	新加坡	0.32	新加坡	0.33	中国台湾	0.38
7	韩国	0.26	中国台湾	0.27	新加坡	0.33
8	中国台湾	0.24	韩国	0.27	韩国	0.27
9	荷兰	0.20	法国	0.21	荷兰	0.22
10	法国	0.13	荷兰	0.18	法国	0.21
11	意大利	0.10	意大利	0.12	意大利	0.11
12	加拿大	0.04	加拿大	0.06	俄罗斯	0.06
13	印度尼西亚	0.04	印度尼西亚	0.05	爱尔兰	0.06
14	泰国	0.03	俄罗斯	0.05	印度尼西亚	0.05
15	俄罗斯	0.03	爱尔兰	0.03	加拿大	0.04

位次	2010 国别(地区)	2010 累计金额(亿美元)	2011 国别(地区)	2011 累计金额(亿美元)	2012 国别(地区)	2012 累计金额(亿美元)
1	美国	2.38	美国	2.45	美国	2.46
2	日本	1.70	日本	1.77	日本	2.20
3	英国	0.83	英国	0.83	韩国	1.36
4	中国香港	0.82	中国香港	0.80	英国	1.10
5	德国	0.54	中国台湾	0.77	德国	0.85
6	中国台湾	0.50	德国	0.70	中国台湾	0.77
7	新加坡	0.38	新加坡	0.46	中国香港	0.66
8	韩国	0.29	韩国	0.41	印度尼西亚	0.38
9	俄罗斯	0.26	印度尼西亚	0.25	新加坡	0.36
10	荷兰	0.19	荷兰	0.19	意大利	0.21
11	意大利	0.16	法国	0.19	荷兰	0.19
12	法国	0.15	意大利	0.18	法国	0.19
13	印度尼西亚	0.13	泰国	0.09	印度	0.14
14	瑞典	0.07	加拿大	0.07	加拿大	0.07
15	爱尔兰	0.06	印度	0.05	俄罗斯	0.07

2-4-7　核心文化产品前十五位进出口市场(2012年)

位　次	国别(地区)	出口金额(亿美元)	同比增长(%)	占比(%)
1	美国	75.35	17.8	29.1
2	日本	19.37	168.8	7.5
3	德国	18.05	6.0	7.0
4	中国香港	14.69	13.3	5.7
5	英国	12.10	5.6	4.7
6	荷兰	10.83	42.5	4.2
7	韩国	8.83	304.5	3.4
8	新加坡	5.73	280.8	2.2
9	阿联酋	5.62	43.4	2.2
10	澳大利亚	4.90	30.8	1.9
11	马来西亚	4.45	176.5	1.7
12	巴西	4.30	60.5	1.7
13	加拿大	4.28	28.8	1.7
14	法国	3.35	29.2	1.3
15	西班牙	3.34	43.7	1.3
位　次	国别(地区)	进口金额(亿美元)	同比增长(%)	占比(%)
1	美国	2.46	0.4	15.8
2	日本	2.20	24.4	14.1
3	韩国	1.36	232.1	8.7
4	英国	1.10	31.8	7.1
5	德国	0.85	21.0	5.5
6	中国台湾	0.77	-0.1	4.9
7	中国香港	0.66	-17.9	4.2
8	印度尼西亚	0.38	51.9	2.5
9	新加坡	0.36	-21.2	2.3
10	意大利	0.21	14.1	1.3
11	荷兰	0.19	0.8	1.2
12	法国	0.19	2.1	1.2
13	印度	0.14	180.3	0.9
14	加拿大	0.07	10.5	0.5
15	俄罗斯	0.07	131.1	0.4

补充资料：2012年我国对欧盟(27国)出口59.63亿美元，对东盟出口15.54亿美元。自欧盟(27国)进口2.85亿美元，自东盟进口0.91亿美元。

2-5-1 全国公共财政文化体育与传媒支出

单位：亿元

年 份 地 区	公共财政文化体育与传媒支出	文化	文物	体育	广播影视	新闻出版	其他
2007	898.64	326.98	96.69	169.75	206.46	47.41	51.33
2008	1095.74	379.10	131.19	205.29	238.76	58.50	82.90
2009	1393.07	485.57	144.30	238.26	309.78	66.35	148.81
2010	1542.70	529.54	157.87	254.17	326.10	94.41	180.61
2011	1893.36	618.74	198.49	266.35	482.26	117.43	210.09
2012	2268.35	757.10	259.53	272.49	537.31	126.42	315.49
中 央	193.56	26.82	16.53	15.04	56.42	52.45	26.30
地方合计	2074.79	730.28	243.00	257.45	480.89	73.97	289.19
北 京	141.37	42.46	20.53	15.44	7.88	0.81	54.25
天 津	35.85	16.84	1.32	8.69	3.51	0.90	4.59
河 北	59.29	22.38	8.02	7.53	11.13	2.63	7.59
山 西	60.20	17.97	13.49	6.79	13.43	3.00	5.53
内蒙古	87.21	30.01	9.66	9.55	27.21	3.79	6.99
辽 宁	79.25	21.97	6.55	13.11	28.31	2.22	7.08
吉 林	47.48	13.59	4.23	5.36	18.69	2.98	2.62
黑龙江	47.27	11.96	3.57	5.17	20.40	1.46	4.71
上 海	72.51	33.34	6.21	15.46	3.23	0.94	13.34
江 苏	150.90	59.75	13.07	19.72	29.19	2.27	26.89
浙 江	94.18	45.34	10.77	13.72	10.80	2.06	11.49
安 徽	71.43	18.61	5.21	4.82	32.93	2.56	7.32
福 建	46.07	17.45	6.19	7.37	8.82	0.97	5.28
江 西	44.77	11.36	6.69	3.04	16.72	1.49	5.47
山 东	114.27	45.25	9.28	19.86	25.64	3.06	11.17
河 南	69.63	23.47	14.42	6.18	13.44	2.27	9.85
湖 北	62.47	22.90	8.02	5.80	12.63	2.28	10.84
湖 南	54.50	17.79	9.21	4.77	9.15	3.34	10.24
广 东	137.64	62.91	11.26	30.91	11.63	2.75	18.18
广 西	45.52	15.03	3.89	5.72	12.16	2.53	6.19
海 南	19.85	9.48	1.37	2.38	3.85	0.38	2.38
重 庆	33.08	13.73	4.87	5.83	4.29	1.44	2.91
四 川	120.70	44.64	12.67	9.36	38.12	4.05	11.87
贵 州	49.85	11.91	4.33	3.46	21.10	2.40	6.65
云 南	62.06	25.21	7.25	6.19	14.72	3.02	5.67
西 藏	24.18	7.11	3.37	0.71	7.63	4.16	1.21
陕 西	91.81	21.71	18.10	6.20	27.91	2.35	15.54
甘 肃	49.87	13.55	10.90	4.32	15.26	1.66	4.19
青 海	18.92	6.32	1.66	2.31	4.99	1.23	2.41
宁 夏	14.44	5.90	1.29	1.74	3.34	1.18	1.00
新 疆	68.23	20.32	5.62	5.95	22.80	7.79	5.75

2-5-2　地方财政文化体育与传媒支出

单位：亿元

地　区	2007	2008	2009	2010	2011	2012
地方合计	**771.43**	**955.13**	**1238.32**	**1392.57**	**1704.64**	**2074.79**
北　京	53.62	61.11	74.75	79.36	87.01	141.37
天　津	15.96	18.01	19.81	24.28	29.76	35.85
河　北	20.75	29.00	38.02	37.09	50.45	59.29
山　西	26.81	27.19	27.97	31.24	48.17	60.20
内蒙古	27.71	31.62	47.33	52.96	68.78	87.21
辽　宁	24.80	29.94	76.25	56.76	68.60	79.25
吉　林	22.33	28.21	29.36	32.93	44.25	47.48
黑龙江	20.35	23.96	33.46	39.50	44.94	47.27
上　海	43.41	49.52	53.12	54.95	68.80	72.51
江　苏	48.16	66.74	77.18	88.67	116.86	150.90
浙　江	49.34	63.76	64.09	77.15	85.09	94.18
安　徽	26.26	32.75	42.14	51.68	62.35	71.43
福　建	18.29	22.43	25.77	27.10	35.86	46.07
江　西	15.80	18.78	22.93	28.38	39.66	44.77
山　东	44.11	55.22	70.40	74.03	91.57	114.27
河　南	33.38	41.46	58.67	54.99	57.54	69.63
湖　北	24.92	25.25	36.03	36.67	47.09	62.47
湖　南	20.15	25.35	33.08	39.66	44.87	54.50
广　东	53.03	66.72	111.50	166.16	170.56	137.64
广　西	21.41	29.25	29.27	32.77	37.48	45.52
海　南	4.57	6.82	9.75	11.61	16.60	19.85
重　庆	10.58	16.54	19.04	24.04	31.16	33.08
四　川	28.59	34.57	45.70	59.37	87.35	120.70
贵　州	15.71	17.84	23.62	23.98	35.31	49.85
云　南	19.84	27.98	32.38	35.53	45.34	62.06
西　藏	7.23	9.21	13.36	12.48	18.91	24.18
陕　西	21.73	31.81	40.89	47.86	61.27	91.81
甘　肃	15.23	19.45	24.50	29.78	33.07	49.87
青　海	6.94	9.89	15.58	11.57	14.32	18.92
宁　夏	7.06	7.09	9.03	16.09	13.94	14.44
新　疆	23.35	27.66	33.34	33.92	47.70	68.23

第三部分

文化及相关产业
法人单位发展情况

3-1-1　规模以上文化制造业企业基本情况(2012年)

单位：万元

分　组	企业单位数(个)	年末从业人员(人)	资产总计	营业收入	#主营业务收入
合　计	**15940**	**4603925**	**216534017**	**309379016**	**305207503**
按企业规模分					
大型	404	1214932	90567334	112600481	109994389
中型	3081	1832580	61988291	85069481	84167886
小型	12120	1550435	62633432	110112275	109507969
微型	335	5978	1344960	1582691	1523171
按登记注册类型分					
内资企业	12089	2690861	127654064	187792946	185399633
国有企业	180	90892	8966158	9589590	8884305
集体企业	214	111080	1443525	4214207	4201705
股份合作企业	96	25984	803034	1238598	1229855
联营企业	15	5122	113968	210914	210246
有限责任公司	2536	658943	41083087	52074668	51584311
股份有限公司	306	220090	23979195	19367535	18699111
私营企业	8395	1510835	49432716	97421738	96939199
其他企业	347	67915	1832382	3675696	3650900
港、澳、台商投资企业	2132	1118435	40705885	58112775	57020939
外商投资企业	1719	794629	48174067	63473294	62786931
按企业控股情况分					
国有控股	487	322044	36151744	34252939	32755237
集体控股	404	196078	7342292	11661953	11494182
私人控股	11217	2203978	84665678	141989258	141114839
港澳台商控股	1844	1004537	33859426	50546281	49655366
外商控股	1375	703325	43711357	57690002	57129065
其他	613	173963	10803521	13238583	13058812

注：规模以上文化制造业企业指《文化及相关产业分类(2012)》所规定行业范围内，年主营业务收入在2000万元及以上的工业企业。

3-1-1 续表 1

单位：万元

分　组	营业税金及附加	#主营业务税金及附加	营业利润	应交增值税
合　计	**1649259**	**1619561**	**18144529**	**7848333**
按企业规模分				
大型	383133	379554	5561222	2773349
中型	455381	443241	5070012	2067003
小型	802961	789464	7447450	2994156
微型	7778	7296	65218	13357
按登记注册类型分				
内资企业	1261182	1240236	11941970	5215888
国有企业	51035	49010	372937	325556
集体企业	38624	38072	288523	75136
股份合作企业	12597	12539	114144	31603
联营企业	662	662	16958	5163
有限责任公司	302773	297319	3113671	1541098
股份有限公司	80522	79263	977543	480395
私营企业	728454	718575	6806714	2657585
其他企业	46515	44796	251482	99352
港、澳、台商投资企业	183420	176356	3000154	1382110
外商投资企业	204657	202969	3202405	1250335
按企业控股情况分				
国有控股	167272	163519	1247227	1152250
集体控股	67856	66567	854101	317190
私人控股	1009750	994318	10099126	3834961
港澳台商控股	155590	149070	2422501	1171647
外商控股	170051	169032	2794095	1084695
其他	78740	77055	727479	287589

3-1-1　续表 2

单位：万元

分　组	工业总产值（当年价格）	工业销售产值（当年价格）	
			#出口交货值
合　计	**307261873**	**300940981**	**85799326**
按企业规模分			
大型	109682695	107517593	42295163
中型	85433994	83509452	25996226
小型	110557538	108376835	17311374
微型	1573558	1523014	189000
按登记注册类型分			
内资企业	185831280	181928812	26412833
国有企业	7139015	7048982	984772
集体企业	4308483	4265885	776818
股份合作企业	1229996	1199489	284325
联营企业	205361	201374	50859
有限责任公司	51120944	50018012	5137539
股份有限公司	19333764	18691490	3068725
私营企业	98707727	96866977	15466766
其他企业	3785992	3636604	643030
港、澳、台商投资企业	57778665	56482782	26116082
外商投资企业	63651928	62529387	33270410
按企业控股情况分			
国有控股	29848390	29167330	2868003
集体控股	11780805	11530338	1689849
私人控股	144395529	141281484	23467255
港澳台商控股	50147923	49004783	23937174
外商控股	57769166	56852413	31728228
其他	13320060	13104634	2108816

3-1-2 按类别分规模以上文化制造业企业基本情况(2012年)

单位：万元

类别	企业单位数(个)	年末从业人员(人)	资产总计
合计	**15940**	**4603925**	**216534017**
工艺美术品的制造	3528	872003	29007464
园林、陈设艺术及其他陶瓷制品的制造	189	64245	732958
印刷复制服务	3978	747391	35371701
办公用品的制造	500	115143	3074856
乐器的制造	208	65693	1705542
玩具的制造	1229	572228	7268549
游艺器材及娱乐用品的制造	131	27813	1067159
视听设备的制造	839	622933	35680769
焰火、鞭炮产品的制造	1025	240640	3063620
文化用纸的制造	1572	470621	57488395
文化用油墨颜料的制造	502	71284	4886867
文化用化学品的制造	189	63975	8109834
其他文化用品的制造	1162	300151	12298422
印刷专用设备的制造	258	44120	2630595
广播电视电影专用设备的制造	413	155143	7916154
其他文化专用设备的制造	217	170542	6231132

注：本表类别使用中类分组,具体参见附录三《文化及相关产业分类(2012)》(表3-1-4，3-1-7同)。

3-1-2 续表

单位：万元

类别	营业收入	营业税金及附加	营业利润	应交增值税
合计	**309379016**	**1649259**	**18144529**	**7848333**
工艺美术品的制造	64566022	317540	3940190	1454016
园林、陈设艺术及其他陶瓷制品的制造	1898181	17663	112891	77355
印刷复制服务	43071282	270376	3660626	1369951
办公用品的制造	4845640	27369	310494	109404
乐器的制造	2568462	12976	149420	62414
玩具的制造	14063809	75524	700586	295197
游艺器材及娱乐用品的制造	1869745	7291	155682	54507
视听设备的制造	62045996	193214	2480534	1631354
焰火、鞭炮产品的制造	10134356	316542	992992	390122
文化用纸的制造	49184055	190215	2540381	1232026
文化用油墨颜料的制造	6422660	30447	438597	192102
文化用化学品的制造	6498477	16769	183528	102585
其他文化用品的制造	17731910	78071	1111948	366453
印刷专用设备的制造	2983712	19670	246957	93302
广播电视电影专用设备的制造	8933703	39474	704309	188515
其他文化专用设备的制造	12561006	36118	415394	229033

3-1-3　各地区规模以上文化制造业企业基本情况(2012年)

单位：万元

地　区	企业单位数(个)	年末从业人员(人)	资产总计	营业收入
全　国	**15940**	**4603925**	**216534017**	**309379016**
北　京	204	48282	3756259	3157689
天　津	174	48397	2825586	5579807
河　北	455	91882	4432785	6863130
山　西	57	13850	522003	425142
内蒙古	34	5907	685857	1200447
辽　宁	343	72020	4224241	7258915
吉　林	74	14327	791253	891445
黑龙江	68	14118	637069	760467
上　海	535	117148	8456686	12761109
江　苏	2160	629944	36047399	51751876
浙　江	1904	366349	24495050	21977405
安　徽	528	108421	4895540	7435555
福　建	969	265916	7352941	13562149
江　西	401	121727	3713551	8370617
山　东	1589	398482	28577036	42931582
河　南	709	220955	10024548	14326582
湖　北	324	74680	4485114	5693734
湖　南	1088	235148	3910146	11693145
广　东	3361	1439412	45668621	72944568
广　西	291	105973	2946878	4080581
海　南	5	5336	3070619	526795
重　庆	125	34935	1669667	2383730
四　川	319	111965	9613454	9548492
贵　州	27	4262	288119	430886
云　南	75	14692	1005716	973349
西　藏	2	536	23261	15332
陕　西	77	22633	993841	1117290
甘　肃	9	2851	79991	69903
青　海	9	5019	179371	257585
宁　夏	9	6005	1030965	260418
新　疆	15	2753	130453	129294

3-1-3 续表

单位：万元

地 区	营业税金及附加	营业利润	应交增值税
全 国	**1649259**	**18144529**	**7848333**
北 京	15320	151142	98735
天 津	15128	343119	106297
河 北	31706	612845	181986
山 西	3819	30600	12577
内蒙古	3542	166869	21465
辽 宁	43767	488561	107973
吉 林	3582	58830	15888
黑龙江	5101	28531	22756
上 海	25076	614564	183716
江 苏	154553	2987356	1329857
浙 江	92976	1007107	544054
安 徽	53419	643244	223865
福 建	81820	1031937	318735
江 西	108595	714956	247299
山 东	254512	2539491	1266611
河 南	94409	1220706	361820
湖 北	34580	298191	105770
湖 南	238152	960471	447394
广 东	230537	3036210	1449357
广 西	34421	398272	118385
海 南	2590	20416	23543
重 庆	25883	212796	71131
四 川	71669	333149	470224
贵 州	6358	34853	9581
云 南	5203	141921	49838
西 藏	96	2081	312
陕 西	9531	106671	43642
甘 肃	1570	414	1258
青 海	534	12730	7494
宁 夏	494	-62659	4784
新 疆	320	9156	1987

3-1-4　按类别分规模以上文化制造业企业主要财务指标(2012年)

单位：万元

类　　别	企业单位数(个)	固定资产原价	本年折旧	主营业务税金及附加
合　　计	**15940**	**108635419**	**7775723**	**1626101**
工艺美术品的制造	3528	10896453	745965	312785
园林、陈设艺术及其他陶瓷制品制造	189	471895	33383	17663
印刷复制服务	3978	20428789	1435091	267380
办公用品的制造	500	1326715	92327	26975
乐器的制造	208	849722	53739	12783
玩具的制造	1229	3422420	216528	71428
游艺器材及娱乐用品的制造	131	376092	28901	7259
视听设备的制造	839	9627082	849294	192013
焰火、鞭炮产品制造	1025	1830003	128379	311959
文化用纸的制造	1572	40883984	2678967	188458
文化用油墨颜料的制造	502	2353287	174135	30263
文化用化学品的制造	189	4943694	409642	15861
其他文化用品的制造	1162	4738369	372225	76462
印刷专用设备的制造	258	1103732	80672	19529
广播电视电影专用设备的制造	413	2394107	199449	39272
其他文化专用设备的制造	217	2989077	277028	36013

3-1-4　续表 1

单位：万元

类　　别	营业利润	#补贴收入	应付职工薪酬	应交增值税
合　　计	**18144529**	**333136**	**18686695**	**7848333**
工艺美术品的制造	3940190	43719	3038797	1454016
园林、陈设艺术及其他陶瓷制品制造	112891	428	216827	77355
印刷复制服务	3660626	58630	3163811	1369951
办公用品的制造	310494	293	422253	109404
乐器的制造	149420	2027	255795	62414
玩具的制造	700586	4313	1892993	295197
游艺器材及娱乐用品的制造	155682	1861	112575	54507
视听设备的制造	2480534	53255	3117925	1631354
焰火、鞭炮产品制造	992992	5750	726746	390122
文化用纸的制造	2540381	68763	1830579	1232026
文化用油墨颜料的制造	438597	7325	381198	192102
文化用化学品的制造	183528	22700	379274	102585
其他文化用品的制造	1111948	18579	1289306	366453
印刷专用设备的制造	246957	7720	249339	93302
广播电视电影专用设备的制造	704309	29734	702214	188515
其他文化专用设备的制造	415394	5916	907066	229033

3-1-4 续表 2

单位：万元

类　　别	工业总产值 (当年价格)	工业销售产值 (当年价格)	#出口交货值
合　　计	**307261873**	**300940981**	**85799325**
工艺美术品的制造	63417179	62438783	17713864
园林、陈设艺术及其他陶瓷制品制造	1915095	1885070	876104
印刷复制服务	43238768	42507615	3188132
办公用品的制造	4922466	4830211	1482869
乐器的制造	2604574	2558769	702518
玩具的制造	14301292	13974313	7013966
游艺器材及娱乐用品的制造	1908390	1854704	655057
视听设备的制造	58851124	57724783	28436167
焰火、鞭炮产品制造	10412075	10223821	1991951
文化用纸的制造	49798509	48892980	2388936
文化用油墨颜料的制造	6429402	6247340	704835
文化用化学品的制造	6554331	6418362	1540698
其他文化用品的制造	18011815	17368339	5705219
印刷专用设备的制造	3009804	2922105	332043
广播电视电影专用设备的制造	9102515	8702998	3176953
其他文化专用设备的制造	12784535	12390795	9890017

3-1-5　各地区规模以上文化制造业企业主要财务指标(2012年)

单位：万元

地　区	企业单位数(个)	固定资产原价	本年折旧	主营业务税金及附加
全　国	**15940**	**108635419**	**7775723**	**1626101**
北　京	204	1617508	96937	14489
天　津	174	1131235	74566	15128
河　北	455	2815986	189820	31474
山　西	57	243084	14780	3791
内蒙古	34	99097	4718	3517
辽　宁	343	2186931	166873	43202
吉　林	74	499940	45013	3382
黑龙江	68	372544	21806	5101
上　海	535	3789270	232251	24811
江　苏	2160	20579396	1751582	154059
浙　江	1904	9370930	591032	90066
安　徽	528	2260399	183212	53293
福　建	969	2926314	218714	80263
江　西	401	2480291	211957	108290
山　东	1589	17663271	1254239	252007
河　南	709	6703845	424322	93471
湖　北	324	7056445	298020	33843
湖　南	1088	2406543	175759	236531
广　东	3361	15040662	1087336	225356
广　西	291	1727207	142033	33690
海　南	5	1257469	47003	2586
重　庆	125	973102	105320	25790
四　川	319	3292128	307791	71668
贵　州	27	118097	7246	3386
云　南	75	557480	29134	5153
西　藏	2	9069	553	84
陕　西	77	677111	48952	8772
甘　肃	9	48793	3466	1558
青　海	9	103148	8203	534
宁　夏	9	525360	27335	488
新　疆	15	102766	5752	320

3-1-5 续表 1

单位：万元

地 区	营业利润	#补贴收入	应付职工薪酬	应交增值税
全 国	**18144529**	**333136**	**18686695**	**7848333**
北 京	151142	12711	394942	98735
天 津	343119	2038	218255	106297
河 北	612845	6561	355141	181986
山 西	30600	1558	41818	12577
内蒙古	166869	391	20816	21465
辽 宁	488561	10937	314311	107973
吉 林	58830	10901	37339	15888
黑龙江	28531	1276	37152	22756
上 海	614564	21387	737794	183716
江 苏	2987356	29626	3198440	1329857
浙 江	1007107	57588	1445475	544054
安 徽	643244	10046	377192	223865
福 建	1031937	11814	1108699	318735
江 西	714956	2317	364967	247299
山 东	2539491	34857	1440832	1266611
河 南	1220706	4789	538681	361820
湖 北	298191	9440	253127	105770
湖 南	960471	12421	763022	447394
广 东	3036210	66357	5574340	1449357
广 西	398272	6831	342124	118385
海 南	20415.5		37565.4	23543.4
重 庆	212795.8	3560.5	136030.7	71131.2
四 川	333148.6	2747.9	678296.8	470224.4
贵 州	34853.1	2179.6	22576	9580.7
云 南	141921.2	1227.3	73895	49837.9
西 藏	2080.8	83.4	1976.3	311.9
陕 西	106670.9	792.8	108258.2	43641.6
甘 肃	414.1	2388	10371.8	1258
青 海	12730.3	99	12445.6	7493.5
宁 夏	-62658.8	5650.9	27628.4	4783.9
新 疆	9155.7	561.5	13185.6	1987

3-1-5　续表 2

单位：万元

地　区	工业总产值(当年价格)	工业销售产值(当年价格)	#出口交货值
全　国	**307261873**	**300940981**	**85799325**
北　京	2750895	2734624	248229
天　津	5454070	5432334	2284347
河　北	6965937	6843345	376320
山　西	431851	415311	12050
内蒙古	1121350	1132920	31851
辽　宁	7222927	7016783	1836833
吉　林	979122	925266	23214
黑龙江	721773	690544	5397
上　海	11575935	11357616	3301655
江　苏	51599503	50800959	22210916
浙　江	22337253	21750734	7117226
安　徽	7710399	7524119	928313
福　建	13772694	13515158	5962214
江　西	7877502	7807567	2476512
山　东	41011517	40364088	4753301
河　南	14457158	14223449	1096056
湖　北	6123073	5764708	362947
湖　南	12072540	11818545	1103886
广　东	72973031	71433009	30461199
广　西	4519625	4303844	703754
海　南	767174	846807	40233
重　庆	2483633	2394806	43829
四　川	9024773	8635739	380824
贵　州	459665	422964	
云　南	988672	936993	
西　藏	12323	12808	
陕　西	1149242	1111653	15327
甘　肃	58600	59199	
青　海	260728	257447	16321
宁　夏	241051	279721	2244
新　疆	137859	127923	4328

3-1-6 规模以上文化制造业企业科技活动情况(2012年)

分组	有R&D活动企业(个)	R&D人员全时当量(人年)	R&D经费内部支出(万元)	R&D项目数(个)	新产品项目数(个)
合计	**2116**	**89312**	**2668357**	**12972**	**15359**
按企业规模分					
大型	211	42285	1543466	5436	6150
中型	714	29824	687485	4291	5062
小型	1184	17114	436258	3226	4118
微型	7	89	1148	19	29
按登记注册类型分					
内资企业	1456	54356	1589353	9472	11136
国有企业	33	4645	295565	759	702
集体企业	17	198	5791	47	42
股份合作企业	6	84	5782	33	50
联营企业	2	14	673	4	6
有限责任公司	319	18530	514788	3524	4354
股份有限公司	117	12924	342400	1639	1768
私营企业	932	16979	409933	3370	4084
其他企业	30	981	14420	96	130
港、澳、台商投资企业	330	19927	477879	1648	2070
外商投资企业	330	15029	601125	1852	2153
按企业控股情况分					
国有控股	127	17682	695059	3859	4417
集体控股	58	2346	111125	355	317
私人控股	1324	35647	818850	5449	6487
港澳台商控股	258	15793	395496	1285	1681
外商控股	249	13149	536896	1166	1375
其他	100	4695	110931	858	1082

3-1-6　续表

分　组	开发新产品经费(万元)	新产品销售收入(万元)	#出口	专利申请(件)	#发明专利	有效发明专利(件)
合　计	**3284995**	**50595456**	**14059896**	**29966**	**9988**	**14133**
按企业规模分						
大型	1902609	36486803	10399668	10262	2901	6398
中型	828426	9841579	2570772	9448	3027	3646
小型	551626	4210411	1056747	10243	4054	4082
微型	2334	56663	32708	13	6	7
按登记注册类型分						
内资企业	1871731	26831610	4591086	21324	7694	8810
国有企业	280619	5049387	738327	1687	727	704
集体企业	6452	193032		129	13	21
股份合作企业	7210	72993	5337	84	22	35
联营企业	1151	37953		7	4	7
有限责任公司	666601	8649422	957777	5907	2444	2305
股份有限公司	352750	7351160	1775671	5858	3174	3031
私营企业	531120	5252755	1028628	7503	1247	2578
其他企业	25827	224908	85346	149	63	129
港、澳、台商投资企业	640999	12875056	4590602	4433	866	3180
外商投资企业	772265	10888790	4878208	4209	1428	2143
按企业控股情况分						
国有控股	818813	13419148	1565793	3920	1496	2149
集体控股	79683	1891213	517425	422	72	308
私人控股	1019806	11863503	2848836	15821	4668	6349
港澳台商控股	549116	10938504	3885135	3264	747	2502
外商控股	695453	10001665	4721358	2924	1098	1266
其他	122124	2481423	521348	3615	1907	1559

3-1-7　按类别分规模以上文化制造业企业科技活动情况(2012年)

类　　别	有R&D活动企业(个)	R&D人员全时当量(人年)	R&D经费内部支出(万元)	R&D项目数(个)	新产品项目数(个)
合　　计	**2116**	**89312**	**2668357**	**12972**	**15359**
工艺美术品的制造	288	7162	144515	839	1112
园林、陈设艺术及其他陶瓷制品的制造	19	371	10048	31	23
印刷复制服务	304	8663	217635	1318	1466
办公用品的制造	79	1697	31111	321	372
乐器的制造	35	610	12754	121	188
玩具的制造	120	2771	50451	269	488
游艺器材及娱乐用品的制造	29	766	19377	792	858
视听设备的制造	234	26076	938139	4588	5366
焰火、鞭炮产品制造	51	347	8060	54	59
文化用纸的制造	168	9151	434673	828	765
文化用油墨颜料的制造	115	2903	66171	526	601
文化用化学品的制造	66	4185	101501	412	398
其他文化用品的制造	288	9505	266402	1190	1397
印刷专用设备的制造	91	2403	58842	394	527
广播电视电影专用设备的制造	166	9201	175576	930	1293
其他文化专用设备的制造	63	3502	133102	359	446

3-1-7　续表

类　　别	开发新产品经费(万元)	新产品销售收入(万元)		专利申请(件)		有效发明专利(件)
			#出口		#发明专利	
合　　计	**3284995**	**50595456**	**14059896**	**29966**	**9988**	**14133**
工艺美术品的制造	210062	3365853	855359	3071	298	694
园林、陈设艺术及其他陶瓷制品的制造	6403	24772	8942	91	14	35
印刷复制服务	256673	3285778	221775	1834	529	891
办公用品的制造	34027	349894	148532	1504	97	258
乐器的制造	19731	178813	57931	111	31	40
玩具的制造	79618	656475	334496	1799	129	1319
游艺器材及娱乐用品的制造	36997	402105	229391	762	60	323
视听设备的制造	1194489	23109611	7428694	6441	1982	4413
焰火、鞭炮产品制造	11668	66919	5980	54	7	37
文化用纸的制造	415916	7456372	533501	1182	530	496
文化用油墨颜料的制造	75634	1015340	128063	549	305	271
文化用化学品的制造	106802	1904813	562239	557	213	476
其他文化用品的制造	356294	2631609	668772	7093	4392	2741
印刷专用设备的制造	74209	712702	90799	833	208	426
广播电视电影专用设备的制造	259569	2775846	889698	3379	1043	1325
其他文化专用设备的制造	146904	2658552	1895723	706	150	388

3-1-8　各地区规模以上文化制造业企业科技活动情况(2012年)

地　区	有R&D活动企业(个)	R&D人员全时当量(人年)	R&D经费内部支出(万元)	R&D项目数(个)	新产品项目数(个)
全　国	**2116**	**89312**	**2668357**	**12972**	**15359**
北　京	30	1149	44173	178	338
天　津	37	1632	49737	365	417
河　北	24	1082	20816	141	139
山　西	2	39	807	11	14
内蒙古	1	43	540	2	3
辽　宁	13	1069	60143	134	129
吉　林	3	79	2687	12	5
黑龙江	3	74	1140	14	22
上　海	74	2767	102358	474	586
江　苏	513	16288	536965	1662	2171
浙　江	484	12672	287737	1787	2055
安　徽	79	1925	46279	1014	1052
福　建	91	4653	116969	300	361
江　西	12	834	14862	167	147
山　东	89	9673	502873	1221	1155
河　南	64	3805	69966	199	254
湖　北	38	2864	47782	201	307
湖　南	83	1206	33013	164	174
广　东	419	21445	595104	3080	3728
广　西	12	190	4379	33	38
海　南	1	41	2822	2	2
重　庆	9	184	5125	40	40
四　川	9	5061	106526	1644	2063
贵　州	2	8	1280	3	2
云　南	13	367	8301	46	45
西　藏					
陕　西	5	76	3231	53	98
甘　肃					6
青　海					
宁　夏	4	75	2605	23	7
新　疆	2	9	140	2	1

3-1-8 续表

地区	开发新产品经费(万元)	新产品销售收入(万元)		专利申请(件)		有效发明专利(件)
			#出口		#发明专利	
全国	**3284995**	**50595456**	**14059896**	**29966**	**9988**	**14133**
北京	74773	597538	90106	534	139	402
天津	57973	1937576	808189	642	229	125
河北	21214	374874	27875	101	56	178
山西	1787	14616		18	8	20
内蒙古	820	4751		6	6	2
辽宁	60647	346582	250975	141	37	215
吉林	4092	12327		9	5	7
黑龙江	1749	8815	753	13	4	5
上海	125089	2751471	731626	956	300	683
江苏	758908	8300142	3577197	5221	1238	2006
浙江	354237	5559928	1791503	4309	616	1028
安徽	68071	1377053	63266	790	182	380
福建	145198	2523374	1355229	897	106	273
江西	14611	290767	91885	95	18	28
山东	463448	9221165	1389971	2551	924	1045
河南	73557	885370	282414	495	123	179
湖北	70688	570470	78516	407	149	186
湖南	30950	371358	58622	166	65	96
广东	697140	11532203	3444218	11304	5346	6319
广西	3036	45563	1244	44	13	15
海南	2822					
重庆	5815	321867	683	24	4	66
四川	223420	3282153	12265	1107	364	727
贵州	1903	8987		9	3	9
云南	13832	184003		47	15	59
西藏						
陕西	7048	31466	3358	37	15	56
甘肃	494	3865		1		19
青海						
宁夏	1541	37174		42	23	5
新疆	134					

3-2-1　限额以上文化批发和零售业企业基本情况(2012年)

单位：万元

指标名称	企业单位数(个)	年末从业人员(人)	资产总计	营业收入	#主营业务收入
合　计	**6796**	**509937**	**77173959**	**135503379**	**134301368**
按企业规模分					
大型	214	202795	35469937	65173584	64744235
中型	2052	210722	29334241	47742434	47258393
小型	3842	91063	10680101	18230590	18078484
微型	688	5357	1689680	4356771	4220256
按登记注册类型分					
内资企业	6426	425752	59594248	92424572	91522894
国有企业	1019	77210	10025029	10447408	10290636
集体企业	75	7632	1139032	2712620	2707845
股份合作企业	39	2557	90302	320961	319716
联营企业	11	418	414399	892516	892070
有限责任公司	1759	145767	18897325	35496467	35099841
股份有限公司	163	37845	11563549	10871491	10814430
私营企业	3184	146299	16780712	29537160	29257971
其他企业	176	8024	683900	2145950	2140385
港、澳、台商投资企业	147	28423	3489887	5268730	5223519
外商投资企业	223	55762	14089824	37810077	37554955
按企业控股情况分					
国有控股	1570	146892	20899961	24714409	24317586
集体控股	168	15832	2253119	4366234	4342556
私人控股	4201	213103	25686397	44714346	44269739
港澳台商控股	148	30599	3521483	5411741	5366984
外商控股	214	53843	13565392	35933981	35716653
其他	495	49668	11247608	20362669	20287850

注：限额以上文化批发和零售业企业指《文化及相关产业分类(2012)》所规定行业范围内，年主营业务收入在2000万元及以上的批发企业或主营业务收入在500万元及以上的零售企业。

3-2-1 续表

单位：万元

指标名称	营业税金及附加	#主营业务税金及附加	营业利润	应交增值税
合　计	**420175**	**392974**	**2597765**	**1526405**
按企业规模分				
大型	149142	138673	950376	771306
中型	164884	157754	1155960	501334
小型	86677	83331	407806	219523
微型	19473	13216	83623	34242
按登记注册类型分				
内资企业	351125	326519	2125166	1010886
国有企业	43816	39261	450688	119201
集体企业	5551	5344	24794	16090
股份合作企业	4900	4883	13312	6922
联营企业	975	975	23503	4549
有限责任公司	140515	127186	824823	427739
股份有限公司	18606	18182	130961	62767
私营企业	129222	123181	614783	360864
其他企业	7540	7507	42303	12756
港、澳、台商投资企业	23350	21912	222894	112763
外商投资企业	45700	44543	249705	402756
按企业控股情况分				
国有控股	91385	82822	901846	271812
集体控股	10098	9448	61177	30540
私人控股	197285	189131	889541	563218
港澳台商控股	22958	21501	226534	101068
外商控股	44600	43513	274645	405573
其他	53849	46559	244023	154194

3-2-2　按类别分限额以上文化批发和零售业企业基本情况(2012年)

单位：万元

类　　别	企业单位数(个)	年末从业人员(人)	资产总计	营业利润	应交增值税
合　　计	**6796**	**509937**	**77173959**	**2597765**	**1526405**
发行服务	1648	157409	15688075	549744	223736
工艺美术品的销售	1251	101005	13169130	664656	273509
文化贸易代理与拍卖服务	346	12627	5942861	285796	40397
文具乐器照相器材的销售	974	32795	6000364	113601	66782
文化用家电的销售	1715	153762	24188249	525212	549570
其他文化用品的销售	366	12885	2020412	91726	42236
广播电视电影专用设备的批发	253	24392	6154251	207134	215732
舞台照明设备的批发	243	15062	4010617	159896	114443

注：本表类别使用中类分组，具体参见附录三《文化及相关产业分类(2012)》(表3-2-4同)。

3-2-2　续表

单位：万元

类　　别	营业收入	营业税金及附加
合　　计	**135503379**	**420175**
发行服务	13348236	53491
工艺美术品的销售	22524766	171215
文化贸易代理与拍卖服务	9335096	25747
文具乐器照相器材的销售	11340954	19006
文化用家电的销售	48313205	109502
其他文化用品的销售	4142209	6917
广播电视电影专用设备的批发	20537923	23972
舞台照明设备的批发	5960990	10324

3-2-3 各地区限额以上文化批发和零售业企业基本情况(2012年)

单位：万元

地 区	企业单位数(个)	年末从业人员(人)	资产总计	营业收入
全 国	**6796**	**509937**	**77173959**	**135503379**
北 京	589	54591	10064593	13808930
天 津	90	4696	413636	610566
河 北	215	13158	1228814	1321549
山 西	149	8137	633425	969769
内蒙古	51	2453	162058	312580
辽 宁	271	11164	974908	1789542
吉 林	56	2496	93998	190518
黑龙江	88	5149	168277	396616
上 海	558	50200	15932672	38365042
江 苏	750	64735	10856372	15819346
浙 江	688	42498	5761102	9438733
安 徽	193	11104	1481419	3650648
福 建	178	7415	1098506	1782613
江 西	42	9325	680726	1214508
山 东	459	34929	4977640	10984528
河 南	360	20821	1460174	1979616
湖 北	208	16640	1442055	1864968
湖 南	245	11713	1308673	1780032
广 东	763	71914	10519504	20266481
广 西	115	7124	568828	704844
海 南	22	1887	198358	182416
重 庆	117	12691	1301317	2355155
四 川	140	16858	1636051	1869801
贵 州	84	3123	506547	387649
云 南	105	10539	2209980	1936761
西 藏	3	129	11799	11446
陕 西	119	5705	397703	603914
甘 肃	58	2239	479659	206112
青 海	7	659	49181	47255
宁 夏	36	1134	107931	81008
新 疆	37	4711	448054	570437

3-2-3　续表

单位：万元

地　区	营业税金及附加	营业利润	应交增值税
全　国	**420175**	**2597765**	**1526405**
北　京	57393	347294	206720
天　津	2012	15862	6696
河　北	3041	27404	20747
山　西	5266	17002	13913
内蒙古	1891	-1810	1216
辽　宁	22192	45010	22443
吉　林	1183	5064	3586
黑龙江	1801	15213	3781
上　海	69131	539858	356536
江　苏	33850	210286	149627
浙　江	27683	118786	92070
安　徽	13142	112340	47262
福　建	13403	53680	13190
江　西	7194	88746	17231
山　东	38274	188794	143641
河　南	9644	64118	29312
湖　北	14224	87045	47089
湖　南	8758	70105	21374
广　东	39356	287834	182068
广　西	2955	5334	13324
海　南	553	-3245	2767
重　庆	6853	67827	15446
四　川	22158	65353	27850
贵　州	1171	3460	7718
云　南	8855	120819	52622
西　藏	17	322	-225
陕　西	4137	16380	9842
甘　肃	1558	5710	3033
青　海	229	550	1141
宁　夏	206	-939	1005
新　疆	2042	23564	13382

3-2-4 按类别分限额以上文化批发和零售业企业主要财务指标(2012年)

单位：万元

类　别	企业单位数（个）	主营业务税金及附加	财务费用
合　计	**6796**	**392974**	**409933**
发行服务	1648	46183	-18386
工艺美术品的销售	1251	163545	192604
文化贸易代理与拍卖服务	346	25322	4304
文具乐器照相器材的销售	974	17871	65619
文化用家电的销售	1715	100618	58132
其他文化用品的销售	366	6730	12337
广播电视电影专用设备的批发	253	22987	59057
舞台照明设备的批发	243	9717	36267

3-2-4 续表 1

单位：万元

类　别	营业利润	应付职工薪酬	应交增值税	主营业务收入
合　计	**2597765**	**3562380**	**1526405**	**134301368**
发行服务	549744	1195565	223736	13009054
工艺美术品的销售	664656	620211	273509	22386135
文化贸易代理与拍卖服务	285796	163344	40397	9284462
文具乐器照相器材的销售	113601	351149	66782	11240897
文化用家电的销售	525212	836642	549570	47890928
其他文化用品的销售	91726	59146	42236	4099628
广播电视电影专用设备的批发	207134	184977	215732	20492609
舞台照明设备的批发	159896	151348	114443	5897654

3-2-4 续表 2

单位：万元

类　别	主营业务成本	固定资产原价	本年折旧
合　计	**121354937**	**6315823**	**348740**
发行服务	10557548	3275954	145823
工艺美术品的销售	19577025	1061817	72112
文化贸易代理与拍卖服务	8498168	212550	12728
文具乐器照相器材的销售	10532663	347245	21236
文化用家电的销售	43685990	1004726	63697
其他文化用品的销售	3763928	99077	7448
广播电视电影专用设备的批发	19626945	177615	13562
舞台照明设备的批发	5112671	136840	12136

3-2-5　各地区限额以上文化批发和零售业企业主要财务指标(2012年)

单位：万元

地　区	企业单位数(个)	固定资产原价	本年折旧	财务费用
全　国	**6796**	**6315823**	**348740**	**409933**
北　京	589	586987	48418	44642
天　津	90	68411	3217	2847
河　北	215	167167	5966	2134
山　西	149	102827	4319	3215
内蒙古	51	46738	3598	2295
辽　宁	271	191449	6687	24541
吉　林	56	34197	1547	1528
黑龙江	88	46881	1871	409
上　海	558	598501	43319	105574
江　苏	750	594029	39550	-1510
浙　江	688	553230	26655	59726
安　徽	193	129840	6349	-6038
福　建	178	173391	7759	6464
江　西	42	157804	12716	299
山　东	459	316430	16046	29572
河　南	360	419228	12648	8242
湖　北	208	279332	9829	9628
湖　南	245	112094	7236	1886
广　东	763	655179	39201	85042
广　西	115	83049	3287	2639
海　南	22	40824	1849	3066
重　庆	117	184221	4077	-460
四　川	140	270182	11771	12187
贵　州	84	43622	2329	1770
云　南	105	190057	11235	9244
西　藏	3	5729	141	-12
陕　西	119	80319	3619	-25
甘　肃	58	58616	6127	-863
青　海	7	16687	491	114
宁　夏	36	20290	668	337
新　疆	37	88513	6216	1441

3-2-5 续表

单位：万元

地区	营业利润	应交增值税	主营业务收入	主营业务成本
全国	**2597765**	**1526405**	**134301368**	**121354937**
北京	347294	206720	13659128	11476573
天津	15862	6696	593587	524139
河北	27404	20747	1302189	1160559
山西	17002	13913	962826	852973
内蒙古	-1810	1216	304906	280585
辽宁	45010	22443	1769559	1561544
吉林	5064	3586	176643	146573
黑龙江	15213	3781	356487	339711
上海	539858	356536	38076255	35338971
江苏	210286	149627	15748770	14421861
浙江	118786	92070	9355080	8558958
安徽	112340	47262	3635061	3102037
福建	53680	13190	1773941	1536393
江西	88746	17231	1197031	1004278
山东	188794	143641	10947692	10251156
河南	64118	29312	1949422	1728822
湖北	87045	47089	1836052	1510881
湖南	70105	21374	1768711	1521224
广东	287834	182068	20037361	18407309
广西	5334	13324	694553	611783
海南	-3245	2767	179830	157344
重庆	67827	15446	2338843	2119565
四川	65353	27850	1833233	1545032
贵州	3460	7718	381138	334628
云南	120819	52622	1925674	1594195
西藏	322	-225	11114	9532
陕西	16380	9842	592400	507918
甘肃	5710	3033	204616	170410
青海	550	1141	45011	35878
宁夏	-939	1005	80196	69206
新疆	23564	13382	564058	474899

3-3-1　重点服务业文化企业基本情况(2012年)

单位：万元

分　组	企业单位数(个)	年末从业人员(人)	资产总计	营业收入	#主营业务收入
合　计	**13733**	**1880366**	**209658530**	**117758495**	**115151571**
按企业规模分					
大型	808	785881	90144192	43219907	42328543
中型	2791	617288	55904840	36467760	35697648
小型	8528	449701	53886696	34638463	33777592
微型	1594	24720	9636196	3361221	3277347
按登记注册类型分					
内资企业	12259	1564380	177419184	92100516	90019328
国有企业	1965	419102	50831128	23080024	22429073
集体企业	176	22362	1882198	526754	506772
股份合作企业	74	7811	613586	260585	257696
联营企业	38	6171	369469	207791	204359
有限责任公司	3640	536655	70670415	33818312	33061906
股份有限公司	479	123150	23711599	7898126	7740956
私营企业	5617	420410	27752410	25270069	24816122
其他企业	270	28719	1588379	1038855	1002444
港、澳、台商投资企业	559	135132	19158302	12939710	12667910
外商投资企业	915	180854	13081044	12718269	12464333
按企业控股情况分					
国有控股	3336	713226	112151357	44615885	43496995
集体控股	512	71970	6088986	2939169	2845573
私人控股	7524	651505	46283157	37839359	36973806
港澳台商控股	528	130655	18725575	13029403	12766080
外商控股	817	154515	10505682	10721573	10600052
其他	871	123930	12952145	7071331	6965683

注：重点服务业文化企业指《文化及相关产业分类(2012)》所规定行业范围内，从业人数在50人及以上或年主营业务收入在500万元及以上的服务业企业。

3-3-1 续表

单位：万元

分　组	营业税金及附加	#主营业务税金及附加	营业利润	应交增值税
合　计	**3093705**	**2966258**	**14411681**	**1645436**
按企业规模分				
大型	1242404	1179610	7896933	530902
中型	907982	878910	3884910	593489
小型	860208	830603	2443398	496603
微型	81035	75059	169136	23731
按登记注册类型分				
内资企业	2467276	2353725	8931063	1237548
国有企业	707447	671680	2229801	311104
集体企业	22641	21614	45523	4963
股份合作企业	9065	9002	36507	1440
联营企业	8924	8868	40756	1169
有限责任公司	859194	805404	3215474	459365
股份有限公司	159038	154243	1237714	134557
私营企业	669278	654541	1998930	310139
其他企业	31688	28373	126359	14812
港、澳、台商投资企业	402050	391796	4118587	199062
外商投资企业	224380	220737	1362030	208826
按企业控股情况分				
国有控股	1178321	1100813	4615998	555793
集体控股	83388	81149	227025	49369
私人控股	990768	963942	3408968	514959
港澳台商控股	399467	389528	4114769	200044
外商控股	192922	190287	1156745	181971
其他	192829	185347	722736	137182

3-3-2　按类别分重点服务业文化企业基本情况(2012年)

单位：万元

类　别	企业单位数（个）	年末从业人员（人）	资产总计	营业利润
合　计	**13733**	**1880366**	**209658530**	**14411681**
新闻服务	16	8835	1041687	20105
出版服务	996	200628	24642644	929494
广播电视服务	144	25566	4767775	278623
电影和影视录音服务	643	43466	11485994	573393
文艺创作与表演服务	202	34096	4700982	3181
图书馆与档案馆服务	4	221	14348	7
文化遗产保护服务	29	2634	533351	16131
群众文化服务	25	1999	196576	5540
文化研究和社团服务	5	339	40340	892
文化艺术培训服务	500	49262	12317232	214859
其他文化艺术业服务	91	4394	735359	39732
互联网信息服务	467	127100	18045166	3289508
增值电信服务(文化部分)	202	52159	6803999	263188
广播电视传输服务	369	111371	13087359	624929
广告服务	2584	144222	16296365	1425083
文化软件服务	2478	439269	30238630	3445930
建筑设计服务	1957	324398	24925459	1951333
专业设计服务	394	35571	3801742	161029
景区游览服务	851	129954	19737326	341888
娱乐休闲服务	649	61353	5143390	118485
摄影扩印服务	134	17283	193606	9733
版权服务	144	12519	1252516	95826
文化经纪代理服务	73	2719	578295	24801
文化出租服务	18	1245	217294	1776
会展服务	714	36178	8551711	558381
其他文化辅助服务	44	13585	309389	17835

注：本表类别使用中类分组，具体参见附录三《文化及相关产业分类(2012)》(表3-3-4，3-4-1,3-4-2,3-4-3同)。

3-3-2 续表

单位：万元

类　　别	应交增值税	营业收入	营业税金及附加
合　　计	**1645436**	**117758495**	**3093705**
新闻服务	604	302142	14235
出版服务	281089	10130492	240643
广播电视服务	19798	2160687	80049
电影和影视录音服务	42741	3592538	104786
文艺创作与表演服务	2583	1019165	39915
图书馆与档案馆服务	76	2555	82
文化遗产保护服务	164	59700	1999
群众文化服务	183	109818	3709
文化研究和社团服务		9491	706
文化艺术培训服务	25982	2029168	60519
其他文化艺术业服务	3500	349924	6793
互联网信息服务	178105	12541814	492217
增值电信服务(文化部分)	5462	2970071	87136
广播电视传输服务	30953	4770110	141457
广告服务	195174	22857176	444534
文化软件服务	572390	22793722	386686
建筑设计服务	185280	20807308	606676
专业设计服务	43859	2095941	36325
景区游览服务	10071	2918606	114496
娱乐休闲服务	5079	1399449	89777
摄影扩印服务	584	264853	11571
版权服务	7809	574299	18066
文化经纪代理服务	643	145238	6159
文化出租服务	788	68776	1576
会展服务	30908	3538322	95294
其他文化辅助服务	1612	247131	8300

3-3-3　各地区重点服务业文化企业基本情况(2012年)

单位：万元

地　区	企业单位数(个)	年末从业人员(人)	资产总计	营业收入
全　国	**13733**	**1880366**	**209658530**	**117758495**
北　京	3784	390251	47032120	32406999
天　津	134	14130	1668151	795064
河　北	167	32411	1726346	1007389
山　西	90	9359	603723	172875
内蒙古	67	14003	1361155	485894
辽　宁	444	76386	4983727	3175296
吉　林	54	12855	964553	503688
黑龙江	50	8600	529421	237528
上　海	1751	263016	38899559	21389287
江　苏	1485	199685	19970070	9715432
浙　江	1102	139811	16690242	10105456
安　徽	264	36085	3638839	1717959
福　建	376	33810	2544583	1349257
江　西	139	19225	1393783	740518
山　东	563	61604	5723178	2107534
河　南	251	67036	5928257	1879509
湖　北	222	45849	5287625	2658923
湖　南	295	36912	4876932	1281059
广　东	1524	228729	24069421	16357097
广　西	121	21334	1334116	675155
海　南	53	8024	1212583	246750
重　庆	148	30465	4709582	1790853
四　川	204	36412	3342006	2773024
贵　州	79	11573	1178033	466349
云　南	136	24302	2534827	1123990
西　藏	1	53	4397	1434
陕　西	129	42874	6689638	2150242
甘　肃	26	4755	265404	132853
青　海	8	1099	45467	27253
宁　夏	18	2836	157811	84394
新　疆	48	6882	292979	199435

3-3-3 续表

单位：万元

地 区	应交增值税	营业利润	营业税金及附加
全 国	**1645436**	**14411681**	**3093705**
北 京	559298	3780712	849871
天 津	6736	4331	26591
河 北	139	80217	32195
山 西	2578	6953	5195
内蒙古	2136	-47373	15951
辽 宁	25431	151891	71549
吉 林	472	59408	13854
黑龙江	348	13513	10208
上 海	495001	1824593	293992
江 苏	99250	1075230	226454
浙 江	97999	2396332	390236
安 徽	16014	194052	44792
福 建	10204	103448	47653
江 西	6554	110559	23188
山 东	24976	362688	66264
河 南	26729	181787	51056
湖 北	15092	304145	85838
湖 南	7145	136324	39461
广 东	209435	2890318	507806
广 西	7698	72478	20089
海 南	4088	55020	9078
重 庆	12205	131478	41507
四 川	7149	205226	76117
贵 州	1144	45702	19954
云 南	1915	124392	30391
西 藏	13	611	78
陕 西	2994	128956	75850
甘 肃	266	1979	5526
青 海		3344	1469
宁 夏	515	15329	3635
新 疆	1914	-1964	7860

3-3-4　按类别分重点服务业文化企业主要财务指标(2012年)

单位：万元

类　别	企业单位数(个)	固定资产原价	本年折旧	资产总计	营业利润	应交增值税
合　计	**13733**	**53149962**	**4164512**	**209658530**	**14411681**	**1645436**
新闻服务	16	309356	11249	1041687	20105	604
出版服务	996	5402044	299726	24642644	929494	281089
广播电视服务	144	1163260	103839	4767775	278623	19798
电影和影视录音服务	643	2173624	137515	11485994	573393	42741
文艺创作与表演服务	202	579675	37597	4700982	3181	2583
图书馆与档案馆服务	4	10124	76	14348	7	76
文化遗产保护服务	29	139685	4066	533351	16131	164
群众文化服务	25	102239	5998	196576	5540	183
文化研究和社团服务	5	12744	307	40340	892	
文化艺术培训服务	60	98220	8387	373697	28442	1868
其他文化艺术业服务	91	98725	5856	735359	39732	3500
互联网信息服务	467	3316789	472771	18045166	3289508	178105
增值电信服务(文化部分)	202	5163572	276043	6803999	263188	5462
广播电视传输服务	369	9090568	958975	13087359	624929	30953
广告服务	2584	1771850	189231	16296365	1425083	195174
文化软件服务	2478	4197050	444209	30238630	3445930	572390
建筑设计服务	1957	3665931	308037	24925459	1951333	185280
专业设计服务	394	425814	34200	3801742	161029	43859
景区游览服务	851	7551472	449775	19737326	341888	10071
娱乐休闲服务	649	2941066	212895	5143390	118485	5079
摄影扩印服务	134	106975	9411	193606	9733	584
版权服务	144	114833	9433	1252516	95826	7809
文化经纪代理服务	73	72079	5057	578295	24801	643
文化出租服务	18	41044	5457	217294	1776	788
会展服务	714	3451729	115229	8551711	558381	30908
其他文化辅助服务	484	1149495	59174	12252924	204253	25726

3-3-4 续表

单位：万元

类　　别	营业收入	主营业务成本	主营业务税金及附加	三项费用合　计	应付职工薪酬
合　计	**117758495**	**73101967**	**2966258**	**26820000**	**18441598**
新闻服务	302142	187139	14179	77635	42254
出版服务	10130492	6153007	222482	2900852	1935970
广播电视服务	2160687	1393114	79232	403434	277708
电影和影视录音服务	3592538	2205690	96311	827494	335800
文艺创作与表演服务	1019165	713333	38862	288420	151368
图书馆与档案馆服务	2555	838	82	1627	911
文化遗产保护服务	59700	14625	1948	26182	8796
群众文化服务	109818	68100	3512	28907	9189
文化研究和社团服务	9491	2768	706	5072	3538
文化艺术培训服务	319124	158224	10716	118820	113268
其他文化艺术业服务	349924	236626	6619	69850	24496
互联网信息服务	12541814	5417269	485910	3399206	1689347
增值电信服务(文化部分)	2970071	1960512	64212	779199	473391
广播电视传输服务	4770110	2767481	135944	1134970	810104
广告服务	22857176	17911605	437805	3021298	1476150
文化软件服务	22793722	12040664	375628	6502626	5036438
建筑设计服务	20807308	14946503	580092	2999326	3997656
专业设计服务	2095941	1496579	35050	443100	389555
景区游览服务	2918606	1111563	109575	1334049	516084
娱乐休闲服务	1399449	616718	87384	571055	245188
摄影扩印服务	264853	101161	11013	118123	62183
版权服务	574299	209849	17898	250577	152312
文化经纪代理服务	145238	91476	6071	51645	22271
文化出租服务	68776	49760	1576	16361	7325
会展服务	3538322	2068406	93451	843760	297070
其他文化辅助服务	1957176	1178958	50000	606417	363229

3-3-5　各地区重点服务业文化企业主要财务指标(2012年)

单位：万元

地　区	企业单位数(个)	固定资产原　价	本年折旧	资产总计	营业利润
全　国	**13733**	**53149962**	**4164512**	**209658530**	**14411681**
北　京	3784	9364349	790998	47032120	3780712
天　津	134	749641	35356	1668151	4331
河　北	167	1732141	133700	1726346	80217
山　西	90	387558	7627	603723	6953
内蒙古	67	1014438	68950	1361155	-47373
辽　宁	444	1832182	143816	4983727	151891
吉　林	54	577757	151396	964553	59408
黑龙江	50	790552	26181	529421	13513
上　海	1751	6117037	440190	38899559	1824593
江　苏	1485	5052274	369954	19970070	1075230
浙　江	1102	3949631	330024	16690242	2396332
安　徽	264	1092013	79158	3638839	194052
福　建	376	722365	39792	2544583	103448
江　西	139	563404	52063	1393783	110559
山　东	563	2200333	131178	5723178	362688
河　南	251	1063537	84269	5928257	181787
湖　北	222	1176537	82945	5287625	304145
湖　南	295	1221127	75888	4876932	136324
广　东	1524	6070557	563652	24069421	2890318
广　西	121	599383	27804	1334116	72478
海　南	53	249970	22410	1212583	55020
重　庆	148	930019	69355	4709582	131478
四　川	204	635586	63022	3342006	205226
贵　州	79	368708	28743	1178033	45702
云　南	136	638833	101920	2534827	124392
西　藏	1	3947	111	4397	611
陕　西	129	3535717	198756	6689638	128956
甘　肃	26	288864	21367	265404	1979
青　海	8	14626	1499	45467	3344
宁　夏	18	62810	5295	157811	15329
新　疆	48	144066	17094	292979	-1964

3-3-5 续表

单位：万元

地 区	营业收入	营业成本	营业税金及附加	三项费用合计	应付职工薪酬	应交增值税
全 国	**117758495**	**75011267**	**3093705**	**26820000**	**18441598**	**1645436**
北 京	32406999	20146773	849871	8116719	5173194	559298
天 津	795064	539554	26591	230228	136329	6736
河 北	1007389	593221	32195	289056	165771	139
山 西	172875	106272	5195	54417	32694	2578
内蒙古	485894	439061	15951	200555	73345	2136
辽 宁	3175296	2358933	71549	663702	628356	25431
吉 林	503688	339578	13854	88768	99276	472
黑龙江	237528	143445	10208	64513	39900	348
上 海	21389287	14733798	293992	4844590	3452516	495001
江 苏	9715432	6424231	226454	1986759	1549461	99250
浙 江	10105456	4855056	390236	2540412	1424276	97999
安 徽	1717959	1130964	44792	358710	244667	16014
福 建	1349257	820191	47653	384721	219125	10204
江 西	740518	390624	23188	212807	90260	6554
山 东	2107534	1243169	66264	526693	313618	24976
河 南	1879509	1183127	51056	473945	305566	26729
湖 北	2658923	1862157	85838	483354	397226	15092
湖 南	1281059	791021	39461	366480	198638	7145
广 东	16357097	10030723	507806	3043950	2413547	209435
广 西	675155	425438	20089	163645	135245	7698
海 南	246750	106615	9078	102138	41030	4088
重 庆	1790853	1382715	41507	288877	268171	12205
四 川	2773024	2149938	76117	356590	390931	7149
贵 州	466349	276538	19954	125371	96783	1144
云 南	1123990	802091	30391	188020	167889	1915
西 藏	1434	141	78	609	303	13
陕 西	2150242	1454425	75850	538431	273395	2994
甘 肃	132853	91571	5526	33929	33206	266
青 海	27253	15936	1469	6462	5175	
宁 夏	84394	36242	3635	30182	22925	515
新 疆	199435	137721	7860	55369	48781	1914

3-4-1 按类别分非重点服务业文化企业财务状况(2012年)

单位：万元

类 别	企业单位数 (个)	从业人员年平均人数 (人)	固定资产原价	本年折旧
合 计	**238319**	**3326077**	**88381300**	**7563959**
新闻服务	194	13395	649955	158498
出版服务	2450	134313	3199631	325232
广播电视服务	1640	56844	2381491	192241
电影和影视录音服务	3798	99432	2646038	195483
文艺创作与表演服务	3133	83064	1880305	210124
图书馆与档案馆服务	208	4238	124998	4494
文化遗产保护服务	474	16701	3550029	50368
群众文化服务	903	21093	357928	22521
文化研究和社团服务	803	12132	208037	67739
文化艺术培训服务	2254	36930	769064	80337
其他文化艺术业服务	2486	37587	542859	33112
互联网信息服务	10688	190042	5567204	513541
增值电信服务(文化部分)	1175	62529	6489044	774887
广播电视传输服务	1416	87838	5509548	363928
广告服务	63878	651682	9912498	980539
文化软件服务	16384	220221	3716378	457948
建筑设计服务	11505	225026	2808482	241675
专业设计服务	8333	97508	1669560	137617
景区游览服务	4393	222774	12651096	965736
娱乐休闲服务	69811	675027	15904349	1302235
摄影扩印服务	4540	55081	847110	85490
版权服务	1461	12205	464865	24117
文化经纪代理服务	2111	41118	833507	84857
文化出租服务	1347	5438	171706	11165
会展服务	6343	72422	2407696	103616
其他文化辅助服务	16591	191437	3117922	176459

3-4-1 续表 1

单位：万元

类 别	营业收入	#主营业务收入	营业成本	#主营业务成本
合 计	**103093688**	**97126036**	**65407235**	**59814664**
新闻服务	437018	423629	237427	228841
出版服务	6383932	5923136	3969440	3875764
广播电视服务	1705610	1562606	1098943	1064237
电影和影视录音服务	3481404	3337360	2470573	2121275
文艺创作与表演服务	1958304	1861590	1088555	992886
图书馆与档案馆服务	67312	66117	44140	43510
文化遗产保护服务	523521	499257	344672	319810
群众文化服务	298136	283158	199258	192321
文化研究和社团服务	1367166	1352592	772356	762328
文化艺术培训服务	1262292	1159453	809201	737575
其他文化艺术业服务	654990	621806	416682	407153
互联网信息服务	6418853	6211081	4395113	3589405
增值电信服务(文化部分)	4092522	3865201	2308580	2014911
广播电视传输服务	2584455	2499609	1631782	1557732
广告服务	18425799	16859171	12154661	11067916
文化软件服务	7765122	7447073	4493277	4328621
建筑设计服务	7349652	6688914	4909085	4459366
专业设计服务	4785185	4703519	3349374	3055167
景区游览服务	6176057	5792532	3617121	3033484
娱乐休闲服务	15725576	14591853	10144952	9192989
摄影扩印服务	1784116	1728945	989856	968993
版权服务	1611783	1591020	884582	867858
文化经纪代理服务	1826428	1773491	1353161	1318657
文化出租服务	214215	209276	148388	144972
会展服务	1665365	1628016	951179	915115
其他文化辅助服务	4528875	4445631	2624877	2553778

3-4-1　续表 2

单位：万元

类　别	其他业务利润	三项费用合计	投资收益	营业利润
合　计	**1082696**	**14644498**	**877232**	**12469338**
新闻服务	5477	83399	267	47852
出版服务	100313	1085025	85605	685019
广播电视服务	19461	203037	29163	178799
电影和影视录音服务	112384	513878	120758	376167
文艺创作与表演服务	108403	336912	2472	243168
图书馆与档案馆服务	635	15464	63	4879
文化遗产保护服务	8690	82711	1654	32798
群众文化服务	5617	38933	486	50963
文化研究和社团服务	20193	279227	1201	206075
文化艺术培训服务	22573	129782	1102	165919
其他文化艺术业服务	6363	90107	843	85294
互联网信息服务	-12794	511261	8769	457935
增值电信服务(文化部分)	16818	426238	5018	605828
广播电视传输服务	22751	482354	3171	291306
广告服务	109397	2790716	124361	1749334
文化软件服务	72967	1426076	11436	1208836
建筑设计服务	15824	758982	11586	912573
专业设计服务	24895	606012	10806	598796
景区游览服务	75404	871519	40271	990724
娱乐休闲服务	190875	1984598	387230	2294228
摄影扩印服务	31540	160293	2357	242776
版权服务	37315	102536	238	136830
文化经纪代理服务	43986	265042	1002	118727
文化出租服务	1303	24330	999	4443
会展服务	18658	360689	14103	184606
其他文化辅助服务	23648	1015377	12271	595463

3-4-1 续表 3

单位：万元

类　别	应付职工薪酬	应交增值税	资产总计
合　计	**14232269**	**967255**	**185327250**
新闻服务	88264	1121	910058
出版服务	699956	69276	9674737
广播电视服务	303274	4625	3105722
电影和影视录音服务	416440	10620	5569984
文艺创作与表演服务	324723	10672	6016801
图书馆与档案馆服务	13403	6	93240
文化遗产保护服务	64776	6419	4201323
群众文化服务	51917	1290	615096
文化研究和社团服务	49816	4913	492787
文化艺术培训服务	171424	12220	811445
其他文化艺术业服务	113532	4773	1637235
互联网信息服务	631310	28138	6240068
增值电信服务(文化部分)	298274	4148	4876717
广播电视传输服务	357141	5213	5963681
广告服务	2749846	198377	37879725
文化软件服务	1167037	156032	9922519
建筑设计服务	1086750	66812	7635952
专业设计服务	668855	37665	6846207
景区游览服务	944045	48782	28318901
娱乐休闲服务	2445682	150746	24645054
摄影扩印服务	302081	7532	823924
版权服务	86087	11926	621967
文化经纪代理服务	177064	45730	1160030
文化出租服务	20072	660	246077
会展服务	285523	22496	4921173
其他文化辅助服务	714977	57063	12096827

3-4-2 按类别分文化服务业事业单位主要财务指标(2012年)

单位：万元

类别	单位数(个)	从业人员年平均人数(人)	固定资产原价
合计	**49500**	**1395982**	**49619396**
新闻服务	537	24637	769870
出版服务	1734	82138	1354486
广播电视服务	3971	279050	9372165
电影和影视录音服务	1317	53535	1400124
文艺创作与表演服务	2754	116180	2250700
图书馆与档案馆服务	4600	88673	4922639
文化遗产保护服务	4593	110977	6493675
群众文化服务	11414	98776	3972323
文化研究和社团服务	6258	86082	1584735
文化艺术培训服务	2978	85253	2641142
其他文化艺术业服务	923	13028	320619
互联网信息服务	210	5029	318315
增值电信服务(文化部分)	274	5810	112041
广播电视传输服务	1977	78325	3225159
广告服务	292	9602	596548
文化软件服务	60	1186	29196
建筑设计服务	1205	39035	829890
专业设计服务	193	4087	295301
景区游览服务	2967	183569	7625477
娱乐休闲服务	507	14153	566101
摄影扩印服务	8	47	360
版权服务	101	2966	172761
文化经纪代理服务	75	1250	20047
文化出租服务	34	494	11651
会展服务	188	8223	605721
其他文化辅助服务	330	3877	128350

注：文化服务业事业单位指《文化及相关产业分类(2012)》所规定行业范围内，执行事业单位会计制度的法人。

3-4-2 续表

单位：万元

类　　别	本年收入合计	#财政拨款	#事业收入	#经营收入
合　　计	**34407904**	**13358539**	**13421701**	**4443643**
新闻服务	649464	307319	113454	42290
出版服务	2234214	370816	703088	1009711
广播电视服务	10368781	1954555	7157075	568666
电影和影视录音服务	815814	251310	338101	132902
文艺创作与表演服务	1639919	1030048	312897	95216
图书馆与档案馆服务	1961775	1474048	139555	50312
文化遗产保护服务	2426980	1677033	337627	119271
群众文化服务	1370982	918887	207098	140324
文化研究和社团服务	2169505	1281592	516312	126566
文化艺术培训服务	1814436	1056782	343478	259391
其他文化艺术业服务	306054	240352	42475	6037
互联网信息服务	211929	107206	13353	37228
增值电信服务(文化部分)	82459	29927	24277	18394
广播电视传输服务	1246387	437116	491742	190749
广告服务	972252	60926	804999	80109
文化软件服务	29663	13034	4304	970
建筑设计服务	916160	194899	256804	430965
专业设计服务	134731	47459	49892	33425
景区游览服务	3934844	1611229	1014682	953476
娱乐休闲服务	543334	91320	325849	64926
摄影扩印服务	725	95	300	198
版权服务	186442	12961	131834	6620
文化经纪代理服务	34213	21595	4838	3688
文化出租服务	10465	8324	914	104
会展服务	202608	78833	66240	51126
其他文化辅助服务	143767	80872	20513	20979

3-4-3 按类别分文化服务业其他单位主要财务指标(2012年)

单位：万元

类　　别	单位数 (个)	从业人员 年平均人数 (人)	固定资产原价
合　　计	**30935**	**380595**	**5950332**
新闻服务	29	393	1316
出版服务	90	1464	16593
广播电视服务	74	1874	37985
电影和影视录音服务	97	1789	15668
文艺创作与表演服务	743	17584	204235
图书馆与档案馆服务	68	472	17342
文化遗产保护服务	524	6731	258166
群众文化服务	1681	32217	85550
文化研究和社团服务	18208	200923	2245701
文化艺术培训服务	2289	36483	191124
其他文化艺术业服务	348	3622	227510
互联网信息服务	454	3575	611142
增值电信服务(文化部分)	12	75	762
广播电视传输服务	187	1812	30546
广告服务	1165	7168	83091
文化软件服务	115	1101	9838
建筑设计服务	73	1412	9804
专业设计服务	95	1880	71542
景区游览服务	249	4090	729201
娱乐休闲服务	3688	29928	505703
摄影扩印服务	170	1486	10364
版权服务	30	163	1219
文化经纪代理服务	73	1269	2183
文化出租服务	33	158	750
会展服务	72	19649	528164
其他文化辅助服务	368	3277	54833

注：文化服务业其他单位指《文化及相关产业分类(2012)》所规定行业范围内，执行民间非营利组织和其他会计制度的法人。

3-4-3 续表 1

单位：万元

类　　别	本年收入合　　计	#捐赠收入	#会费收入	#提供服务收入	#政府补助收入
合　　计	**3141895**	**188634**	**263276**	**1407265**	**385872**
新闻服务	2299	558	204	1047	302
出版服务	24250	87	759	9156	3959
广播电视服务	19481	92	175	14324	2790
电影和影视录音服务	7898	89	708	3996	1143
文艺创作与表演服务	99741	8843	4054	56812	18042
图书馆与档案馆服务	9073	2618	232	373	3296
文化遗产保护服务	107353	43427	1252	13649	37770
群众文化服务	76136	15293	4585	26334	16996
文化研究和社团服务	1767908	70532	202524	675021	168003
文化艺术培训服务	273041	2149	12379	136318	24187
其他文化艺术业服务	122094	11640	4875	71605	5413
互联网信息服务	22437	3011	1784	13386	3356
增值电信服务(文化部分)	247			238	5
广播电视传输服务	11006	18	122	6595	3318
广告服务	57299	9261	4205	28203	8059
文化软件服务	9482	2407	233	3653	1761
建筑设计服务	17081	4709		7317	1772
专业设计服务	68388	7	168	50206	15448
景区游览服务	106479	5978	18866	29597	32501
娱乐休闲服务	236273	4948	5001	194099	17140
摄影扩印服务	8473	32	128	6880	1174
版权服务	575	11	107	139	170
文化经纪代理服务	11506	282	106	1996	605
文化出租服务	1238	1	12	1216	3
会展服务	49187	199	217	35375	12292
其他文化辅助服务	32951	2442	580	19730	6367

3-4-3　续表 2

单位：万元

类　　别	本年费用合　计	#业务活动成本	#管理费用	净资产变动
合　　计	**2815027**	**1570284**	**956996**	**176704**
新闻服务	2222	1164	862	585
出版服务	20355	12465	5358	383
广播电视服务	18404	6175	11509	605
电影和影视录音服务	6558	3557	1876	73
文艺创作与表演服务	88096	44437	41236	2736
图书馆与档案馆服务	4265	2190	1926	204
文化遗产保护服务	51576	23865	25021	6566
群众文化服务	72063	44917	24920	3608
文化研究和社团服务	1598162	958765	475095	111182
文化艺术培训服务	285947	114731	159764	5409
其他文化艺术业服务	102209	60810	35147	3820
互联网信息服务	19503	9069	9730	19
增值电信服务(文化部分)	446	310	133	3
广播电视传输服务	10912	6911	2452	2336
广告服务	41515	25860	10395	9943
文化软件服务	5070	2887	1810	2766
建筑设计服务	10159	4864	4039	4895
专业设计服务	67162	34374	27131	6325
景区游览服务	107158	37600	21170	559
娱乐休闲服务	205625	122411	59828	13576
摄影扩印服务	7431	4108	2513	126
版权服务	654	376	268	33
文化经纪代理服务	9756	7224	1464	38
文化出租服务	1081	966	111	9
会展服务	50022	25537	21034	246
其他文化辅助服务	28676	14711	12204	658

第四部分

主要文化行业发展情况

4-1-1 出版物基本情况

年 份 地 区	图书		期刊		报纸	
	种数 (种)	总印数 (万册、万张)	种数 (种)	总印数 (万册)	种数 (种)	总印数 (万份)
2005	222473	646597	9468	275894	1931	4126040
2006	233971	640809	9468	285216	1938	4245172
2007	248283	629331	9468	304106	1938	4379882
2008	274123	706185	9549	310490	1943	4429222
2009	301719	703675	9851	315250	1937	4391132
2010	328387	717051	9884	321535	1939	4521391
2011	369523	770518	9849	328522	1928	4674326
2012	414005	792464	9867	334798	1918	4822568
中 央	170203	212256	2894	99409	220	767358
地 方	243802	580208	6973	235390	1698	4055210
北 京	9431	13154	170	3733	37	127571
天 津	5319	4536	251	3802	27	90788
河 北	3976	19719	229	5353	66	150446
山 西	3403	14789	198	3733	60	210779
内蒙古	2863	5849	148	2939	61	27033
辽 宁	9998	11682	320	9840	69	165968
吉 林	22263	28512	240	11303	52	111005
黑龙江	4218	6353	315	5640	69	78760
上 海	23777	33571	635	17632	72	144802
江 苏	20407	53761	467	12559	81	288662
浙 江	11478	37250	222	8312	71	347100
安 徽	9094	24450	186	6172	51	125807
福 建	3413	9078	176	3660	43	118783
江 西	5127	18196	161	7217	41	75878
山 东	11654	43151	269	11476	87	339826
河 南	6314	22919	246	9566	78	214763
湖 北	14145	26463	422	34141	74	205293
湖 南	10821	36206	248	12449	50	131455
广 东	9851	29622	389	18572	101	453166
广 西	8667	28796	186	4517	54	69531
海 南	3315	7865	43	803	12	24427
重 庆	5052	13944	137	5450	26	69299
四 川	7794	23587	348	9066	88	172573
贵 州	966	7302	88	1485	31	41664
云 南	7901	16737	127	3890	42	65314
西 藏	546	1354	35	186	23	7470
陕 西	8468	19640	283	6708	44	70922
甘 肃	2617	6614	134	11420	50	49910
青 海	557	1114	53	421	27	11077
宁 夏	1676	2736	37	1833	14	10674
新 疆	8691	11258	210	1512	97	54464

4-1-1 续表

年 份 地 区	音像制品		电子出版物	
	种数 (种)	出版数量 (万盒、万张)	种数 (种)	数量 (万张)
2005	34961	61543.1	6152	14009.0
2006	33706	58306.7	7207	16035.7
2007	31955	49098.0	8652	13584.0
2008	23493	43268.0	9668	15770.6
2009	25384	39146.5	10708	22914.0
2010	21552	42383.9	11175	25911.9
2011	19408	46431.0	11154	21322.2
2012	18485	39365.8	11822	26344.9
中 央	8293	22813.8	7896	18645.0
地 方	10192	16552.0	3926	7699.9
北 京	245	209.8	87	44.0
天 津	55	88.2	186	93.1
河 北	111	225.6	47	79.4
山 西	115	105.8	194	21.5
内蒙古	43	20.5		
辽 宁	677	4664.5	260	314.9
吉 林	113	58.8	103	19.4
黑龙江	12	4.4		
上 海	2449	2856.2	634	1559.4
江 苏	627	1273.7	452	1922.8
浙 江	362	401.6	307	576.8
安 徽	129	69.7	7	2.3
福 建	135	103.6	63	19.1
江 西	319	192.0	16	14.3
山 东	212	223.3	320	157.5
河 南	250	610.8	65	402.5
湖 北	427	338.5	175	230.4
湖 南	391	956.2	91	326.9
广 东	2215	2653.5	189	744.1
广 西	202	166.6	33	782.3
海 南	99	21.4	2	0.5
重 庆	191	101.4	126	51.3
四 川	104	85.4	415	51.8
贵 州	9	3.4		
云 南	333	851.0	47	15.4
西 藏	13	5.1		
陕 西	237	195.5	96	177.9
甘 肃	39	15.7	4	1.3
青 海	9	24.5	4	0.4
宁 夏	4	1.6	3	90.7
新 疆	65	23.8		

4-1-2　各地区少年儿童读物和课本出版情况（2012年）

地　区	种数(种)		总印数（万册）		总印张(千印张)	
	儿童读物	课　本	儿童读物	课　本	儿童读物	课　本
全　国	**30965**	**81271**	**47702**	**347458**	**2853998**	**27078790**
中　央	6242	48418	8748	99625	527636	9933578
地　方	24723	32853	38954	247833	2326362	17145212
北　京	2458	748	3093	1398	250248	115972
天　津	652	667	804	1501	39889	117421
河　北	90	350	155	13803	3281	934173
山　西	592	24	2229	5560	127529	377630
内蒙古	431	869	330	4591	19371	329347
辽　宁	1165	2489	1376	2883	95513	236197
吉　林	4039	1387	3788	5405	238838	448615
黑龙江	385	473	469	3037	24379	203447
上　海	1612	5110	3943	15097	172543	1237583
江　苏	1461	3004	2634	21438	171437	1386553
浙　江	2287	1120	4457	12568	362768	840405
安　徽	1256	602	1076	10705	82108	804688
福　建	309	450	391	4173	28127	292780
江　西	1375	230	2801	7341	136063	532201
山　东	918	1543	2406	20847	118199	1177423
河　南	262	777	273	15045	14038	987984
湖　北	436	2242	984	8387	68182	606224
湖　南	1392	905	1611	14686	99097	814311
广　东	507	1371	699	19236	20893	1351027
广　西	988	417	1878	8750	92354	595445
海　南	149	17	892	1042	42229	70889
重　庆	49	1534	207	5890	3633	405258
四　川	650	1670	611	10358	32571	835511
贵　州	113	99	319	5697	10920	397298
云　南	92	213	215	7685	5340	524372
西　藏	15	152	7	1079	407	78311
陕　西	378	1857	741	7800	31127	605269
甘　肃	154	102	285	3774	11400	292054
青　海	17	235	7	923	293	67074
宁　夏	38		44	868	1097	62640
新　疆	453	2196	229	6266	22488	417110

注：少年儿童读物数据仅包括使用《中国标准书号》的出版物。

4-1-3　全国出版机构及人员情况

年　份 地　区	图书出版社		音像出版社	
	机构数 (个)	职工人数 (人)	机构数 (个)	职工人数 (人)
2005	573	54605	328	6171
2006	573	58405	339	6060
2007	578	58849	363	6327
2008	579	60906	378	5696
2009	580	62890	380	5993
2010	581	63903	374	5010
2011	580	67173	369	5130
2012	580	67125	369	4563
中　央	220	29511	146	1173
地　方	360	37614	223	3390
北　京	17	699	10	104
天　津	12	1100	7	89
河　北	8	877	5	45
山　西	8	528	3	70
内蒙古	7	529	1	30
辽　宁	18	1566	13	152
吉　林	15	2036	8	79
黑龙江	13	1014	6	6
上　海	38	3829	27	678
江　苏	18	2267	7	131
浙　江	14	964	7	61
安　徽	11	946	7	75
福　建	11	695	5	237
江　西	7	744	5	125
山　东	17	1456	13	209
河　南	12	1208	5	104
湖　北	14	1786	7	152
湖　南	13	1230	12	126
广　东	19	1254	24	325
广　西	8	2992	4	32
海　南	4	433	2	
重　庆	3	1891	6	30
四　川	16	2121	10	149
贵　州	5	310	2	15
云　南	8	763	8	63
西　藏	2	78	2	11
陕　西	17	1842	9	65
甘　肃	9	289	3	55
青　海	2	141	2	12
宁　夏	3	997	1	17
新　疆	11	1029	2	143

注：全国图书出版社580家，其中含副牌社33家。

4-1-4 出版物发行进、销、存情况

单位：万册(张、份、盒)、万元

年份 地区	购进		销售		库存	
	数量	金额	数量	金额	数量	金额
2005	1601918	12760018	1579753	12298056	424758	4829178
2006	1605144	13360474	1565333	12909439	445924	5249714
2007	1615739	14060746	1611944	13666742	447828	5659045
2008	1701945	15438415	1664305	14563927	511036	6727773
2009	1620914	16005755	1594152	15569553	506247	6582141
2010	1725342	17753997	1697036	17541569	529995	7377979
2011	1840642	20248910	1781734	19534916	558558	8040534
2012	1890434	21609143	1900761	21598845	559953	8418751
中央	240130	4807897	238126	4649471	120431	3326893
地方	1650303	16801246	1662634	16949374	439522	5091858
北京	15312	393688	14893	385174	7372	181726
天津	10338	142937	10552	146653	4752	104602
河北	83198	640361	73108	606655	42805	155085
山西	45472	566713	47864	564935	13927	135786
内蒙古	17935	152703	20446	161182	3045	25645
辽宁	30709	416778	29832	383401	10899	234188
吉林	33840	375462	33993	356907	7405	105753
黑龙江	19569	202168	19574	205605	5747	50910
上海	44674	603670	50963	756581	15990	360326
江苏	164969	1661266	179867	1677795	53659	643759
浙江	109314	1270950	99260	1147333	58315	753432
安徽	92568	1051105	93218	1046974	7698	147796
福建	37132	384470	37420	389107	7198	71844
江西	76111	703394	77649	696060	6688	108957
山东	133904	1107054	138648	1122505	39400	328229
河南	110341	893447	114438	914667	19578	208224
湖北	69356	665843	69489	665645	14720	204835
湖南	119182	1514276	114740	1422637	36034	363857
广东	49024	515684	48744	652116	11300	102123
广西	69133	532748	69625	557523	3919	51387
海南	12394	128286	12242	127474	1829	18894
重庆	27797	324527	26705	376793	6779	67302
四川	64633	627063	61603	641473	15559	206082
贵州	35187	231953	38929	249606	5058	29958
云南	40476	443436	40705	442395	9300	120894
西藏	3234	20178	2083	17405	2070	7603
陕西	62745	533285	63023	533201	16445	193109
甘肃	37434	299556	39100	302759	3767	40960
青海	3044	24569	3033	23347	756	5761
宁夏	3366	64292	3176	62488	688	13626
新疆	27912	309385	27713	312976	6821	49208

注：指新华书店系统、出版社自办发行单位的数据(表4-1-5至表4-1-6同)。

4-1-5 出版物纯销售情况

单位：万元

年份 地区	总额	零售	批发给县以下单位或个人	出口	其他
2005	4932215	4039509	589874	21350	281482
2006	5043320	4159807	651421	25580	206512
2007	5126213	4293952	618122	23274	190865
2008	5396638	4639733	495855	22468	238582
2009	5809916	4989994	540550	28208	251165
2010	5998777	5332174	196320	25290	444993
2011	6535864	5823950	271063	19902	420949
2012	7125801	6480018	315181	21617	308985
中　央	509181	371815	15536	15025	106806
地　方	6616619	6108203	299645	6593	202179
北　京	139959	133336	2661	638	3324
天　津	42257	41576	4	460	217
河　北	228473	228316	130		26
山　西	243509	231976	7942		3591
内蒙古	87115	87097			18
辽　宁	108145	93777	2512		11857
吉　林	53507	38986			14521
黑龙江	85767	83916	417		1434
上　海	162253	154508	2	3016	4727
江　苏	566217	542853	11051	206	12107
浙　江	516722	468685	4534		43503
安　徽	385976	384985	598	393	
福　建	176133	170205	1802	1446	2680
江　西	293954	278606	14583		766
山　东	436484	419546	157		16781
河　南	327956	326682	1124		150
湖　北	226463	194778	1266	239	30181
湖　南	550718	545260	2985		2474
广　东	321998	259667	62331		
广　西	251115	102236	148732		147
海　南	12772	12772			
重　庆	187520	147200	1252		39068
四　川	351052	342117	2972	12	5951
贵　州	132139	111022	15052		6064
云　南	194042	193795	22	182	43
西　藏	7414	7414			
陕　西	218504	200750	17229		525
甘　肃	128244	126020	200		2024
青　海	10037	10037			
宁　夏	2392	2392			
新　疆	167781	167694	87		

4-1-6　出版物发行机构数

单位：个

年　份 地　区	发行机构合计	新华书店及其发行网点	供销社	出版社	网上书店	文化教育广电邮政系统	新华书店系统外批发	集体个体零售
2005	159508	11897	3200	585	64	30529	5103	108130
2006	159706	11041	2431	561	91	29883	5137	110562
2007	167254	10726	2103	562	936	32016	5946	114965
2008	161256	10302	1868	534	19	37516	5454	105563
2009	160407	9953	1636	508	26	38215	5800	104269
2010	167882	9985	1520	462	174	39264	6483	109994
2011	168586	9513	997	447	101	36455	7141	113932
2012	172633	9403	748	446	619	37821	7505	116091
中　央	131	3		128				
地　方	172502	9400	748	318	619	37821	7505	116091
北　京	8998	124		17	538	2053	1773	4493
天　津	3060	71		13			158	2818
河　北	7272	376		7		2107	214	4568
山　西	2945	396	12			445	123	1969
内蒙古	1942	227		7			49	1659
辽　宁	5964	294		12		487	284	4887
吉　林	2600	113		4	16	243	227	1997
黑龙江	3031	239	59	5	1	582	138	2007
上　海	8526	144		71	24	2285	345	5657
江　苏	14497	875		18	2	2470	232	10900
浙　江	11057	558		10	1	2607	321	7560
安　徽	8588	649		11	12	3560	306	4050
福　建	4387	233		5	9	1083	437	2620
江　西	3414	326	28	6		21	157	2876
山　东	7127	520		5		905	161	5536
河　南	8938	1068		12		2310	280	5268
湖　北	4933	236		16	6	664	404	3607
湖　南	7711	390		14		4682	125	2500
广　东	13180	398	568	19			453	11742
广　西	5007	255	81	20		1924	78	2649
海　南	723	28		4		371	45	275
重　庆	3486	267		3		601	127	2488
四　川	10565	214			1	3270	240	6840
贵　州	3736	221		2	1	839	132	2541
云　南	8769	241		8		1812	121	6587
西　藏	131	52		1		8		70
陕　西	4680	205		25		1600	240	2610
甘　肃	2203	295		2		82	210	1614
青　海	1052	55				183	28	786
宁　夏	989	31		1	6	457	42	452
新　疆	2991	299			2	170	55	2465

4-1-7 按类别分出版物销售情况

单位：万册(张、份、盒)、万元

项　目	2005	2006	2007	2008	2009	2010	2011	2012
销售数量合计	**1579753**	**1565333**	**1611944**	**1664305**	**1594152**	**1697036**	**1781734**	**1900761**
图书	1516121	1499395	1539318	1587776	1537842	567493	582630	615454
期刊	32343	26889	30476	30523	18477	1901	1684	2029
报纸	8626	15239	12049	16366	12427	1423	846	1881
音像制品	20154	20981	26970	26509	22996	8854	6901	6525
电子出版物	2509	2829	3131	3131	2410	3604	3310	1888
数字出版物								111
非出版物商品								
销售金额合计	**12298056**	**12909439**	**13666742**	**14563927**	**15569553**	**17541569**	**19534916**	**21598845**
图书	11767109	12360997	13053394	13923157	14969728	5058276	5588107	6171319
期刊	216722	211888	229252	258927	217375	103729	44398	117485
报纸	17154	23322	23890	33272	28296	10877	5748	18836
音像制品	256022	254187	300679	292963	277927	103376	92733	84221
电子出版物	41049	59045	59527	55608	76227	75916	92964	86793
数字出版物								1363
非出版物商品	105335	128386	203958	164151	195749	321084	550123	541583

注：自2010年起，出版物分类别的销售数量和金额只包括零售部分，因此分项之和不等于合计。

4-1-8 全国印刷机构及人员情况

年　份	印刷物资公司		出版物印刷厂	
	机构数(个)	职工人数(人)	机构数(个)	职工人数(万人)
2005	29	2939	8279	69.44
2006	29	3102	7995	62.46
2007	28	2722	6427	59.55
2008	25	2672	6290	58.34
2009	42	3561	8189	63.14
2010	208	2612	8484	61.28
2011	202	1455	8309	57.62
2012	28	1303	8714	55.09

4-1-9　出版物印刷生产情况

年　份 地　区	工业销售产值 (万元)	印刷产量		装订产量 (万令)
		黑白 (万令)	彩色 (万对开色令)	
2005	6925013	19951	102905	21985
2006	7804171	20891	100488	20842
2007	8283628	20182	129157	23062
2008	9769019	29047	93251	25129
2009	11277554	27034	129520	35498
2010	12342607	28272	141917	29007
2011	13206765	30091	152913	28985
2012	14098802	32654	164713	29740
北　京	1058827	3021	15956	3145
天　津	134911	2374	3550	150
河　北	724625	1687	2817	2253
山　西	152670	345	1921	313
内蒙古	43816	71	375	89
辽　宁	221938	2038	2768	758
吉　林	327967	1434	2602	544
黑龙江	140202	320	2204	392
上　海	934797	1027	14617	609
江　苏	849501	1295	7109	1213
浙　江	2016467	1634	22451	1807
安　徽	430321	1012	2775	1292
福　建	305127	473	1714	293
江　西	240413	869	1534	850
山　东	982940	2591	25170	3729
河　南	418251	1026	3271	1117
湖　北	431074	1628	3489	1377
湖　南	770757	1143	4325	1509
广　东	2267227	3793	30368	4264
广　西	205048	1853	3271	723
海　南	12923	78	425	53
重　庆	225973	356	876	333
四　川	254624	1147	4384	1385
贵　州	78617	170	1885	154
云　南	202689	274	1283	238
西　藏	12815	29	60	17
陕　西	462400	555	2036	622
甘　肃	79022	258	463	245
青　海	26050	32	165	33
宁　夏	25564	37	100	44
新　疆	61245	86	750	188

4-1-10 全国出版物印刷企业财务状况

单位：万元

年份 地区	资产合计	负债合计	所有者 权益合计	主营业务 收入	营业利润	利润总额
2005	11817682	6189459	5628222	8056432	264622	304697
2006	12397946	6539663	5858283	8792937	317715	357130
2007	12798625	6543101	6255524	9690887	386249	405097
2008	13261258	6904193	6357065	9387940	417901	502048
2009	15891848	7538831	8353017	10508176	641043	767465
2010	17497609	8955184	8542424	12005220	675096	801680
2011	17819901	9153789	8666112	13124096	655189	783728
2012	19972151	9799736	10172415	13977021	967888	1068202
北　京	2147697	1201294	946403	1202145	39457	54968
天　津	344995	215375	129620	170767	3792	6649
河　北	1150646	576286	574361	837957	82554	86776
山　西	270401	145604	124797	188098	7800	8274
内蒙古	64073	34647	29425	38165	3044	4185
辽　宁	292215	174972	117243	160538	-2993	243
吉　林	967351	103605	863745	344292	63461	66442
黑龙江	188463	101400	87063	142501	5249	6393
上　海	1491471	734588	756883	1010339	48660	68950
江　苏	1143099	585403	557696	811083	51180	57032
浙　江	2026002	1185686	840316	1535081	69760	78833
安　徽	620535	304191	316344	446518	43381	45000
福　建	396518	183868	212650	423536	21232	22263
江　西	317656	175935	141721	268700	46913	48928
山　东	1177018	659152	517866	1023007	117466	120335
河　南	685081	368106	316976	506922	27029	31632
湖　北	542074	271362	270712	450079	18808	19744
湖　南	875177	416432	458745	923348	98172	104164
广　东	2722692	1060029	1662664	1791506	78127	83786
广　西	298665	140384	158281	231277	13311	14041
海　南	36598	17376	19222	23034	3932	4107
重　庆	347034	186736	160298	269100	25273	27032
四　川	348963	211077	137886	287485	26215	27032
贵　州	119902	66345	53556	82205	5457	4453
云　南	364325	171832	192494	226505	31057	32665
西　藏	18287	4766	13521	12797	1287	1589
陕　西	603378	331864	271514	388050	33260	33704
甘　肃	249853	86253	163600	75537	-464	376
青　海	35809	22461	13348	25832	255	831
宁　夏	34247	12121	22125	34150	5712	5812
新　疆	91925	50587	41338	46467	-500	1964

4-1-11　图书、期刊、报纸进出口情况

年　份	进口			出口		
	种数(种次)	数量(万册、份)	金额(万美元)	种数(种次)	数量(万册、份)	金额(万美元)
2005	599589	1429.25	16418.35	1194815	732.41	3287.19
2006	611641	2395.34	18093.51	1488580	1007.78	3631.44
2007	815233	2385.99	21105.44	1155765	1027.83	3787.46
2008	703787	3452.54	24061.4	947204	801.82	3487.25
2009	811265	2794.53	24505.27	900344	885.16	3437.72
2010	879714	2881.87	26008.58	954954	945.64	3711.00
2011	1119975	2979.88	28373.26	914726	1144.18	3905.51
2012		3138.07	30121.65		1639.27	4863.15

注：本表仅包括有出版物进口经营许可证的出版物进出口经营单位数据(表4-1-12同)。

4-1-12　音像制品、电子出版物与数字出版物进出口情况

年　份	进口			出口		
	种数(种次)	数量(盒、张)	金额(万美元)	种数(种次)	数量(盒、张)	金额(万美元)
2005	31638	148631	1933.00	32129	751796	211.00
2006	6733	177965	3079.31	108867	1053294	284.99
2007	8348	150906	4340.26	51875	637396	180.51
2008	11717	163822	4556.81	16524	271204	101.32
2009	9479	167428	6527.06	19771	100053	61.11
2010	25267	629542	11382.70	10352	1018687	47.16
2011	14553	396287	14134.78	8077	77091	35.17
2012		185646	16685.95		93448	33.54

4-1-13 版权合同登记情况

单位：份

年 份 地 区	合计								
		图书	期刊	音像制品	电子出版物	软件	电影	电视节目	其他
2005	10787	9176	746	140	168	557			
2006	13004	10795	432	476	620	609	29	5	38
2007	11164	9515	305	431	389	515	1		8
2008	12002	10414	322	451	311	499		1	4
2009	14223	12449	292	257	473	393			359
2010	15160	13303	234	306	418	453	2	1	443
2011	20797	14401	288	245	485	955		3	4420
2012	18645	16554	199	319	417	1085	24	14	33
北 京	9587	9162	192		63	170			
天 津	305	272				15			18
河 北	128	127			1				
山 西	25	25							
内蒙古									
辽 宁	279	266		2	1	10			
吉 林	298	298							
黑龙江	50	50							
上 海	1177	909		136	119	13			
江 苏	1283	837		181	7	246	12		
浙 江	1192	886			197	109			
安 徽	161	158				3			
福 建	150	131			18	1			
江 西	592	592							
山 东	368	365				3			
河 南	179	179							
湖 北	252	236				16			
湖 南	627	616	3					8	
广 东	167	122			1	12	12	6	14
广 西	301	301							
海 南									
重 庆	223	223							
四 川	259	240	4		10	5			
贵 州	78	78							
云 南	204	204							
西 藏									
陕 西	702	220				482			
甘 肃									
青 海									
宁 夏	23	22							1
新 疆	35	35							

4-1-14　全国作品自愿登记情况

单位：件

年份 地区	合计	文字	音乐	曲艺	舞蹈	美术	摄影	影视	其他
2005	58523	1878	855	12	13	51327	3681	52	705
2006	149900	2206	1589	6	27	15989	113012	102	16969
2007	133789	2390	2193	29	18	17681	110030	457	991
2008	1040454	2823	2084	56	22	19903	1014365	267	934
2009	336086	3509	1360	94	47	30501	299218	291	1066
2010	359871	6294	1425	112	18	37607	311897	1243	1275
2011	442983	80424	2004	46	34	53326	297028	7544	2577
2012	560583	179471	3901	58	40	85873	239801	30335	21104
北　京	370724	156065	2014	1	18	13280	170471	18286	10589
天　津	38	38							
河　北	227	73	12			132			10
山　西	211	57	31			77	9	34	3
内蒙古	280	16	17	2	2	211		2	30
辽　宁	20901	7365	462		9	2250	232	6720	3863
吉　林	1400	565	39	1		119	40		636
黑龙江	346	165	71			81		6	23
上　海	70663	3886	140			5448	60345	165	679
江　苏	20558	3969	54	15	6	13965	1191	532	826
浙　江	15090	300	41			14358	6	177	208
安　徽	568	100	6			183		132	147
福　建	15343	206	41	8		14998	2	2	86
江　西	347	23	24			281			19
山　东	16018	909	42	17		4381	4673	3987	2009
河　南	190	85	7	1	1	78	2	8	8
湖　北	448	244	29			152	1	12	10
湖　南	633	119	43	9		446		16	
广　东	8237	461	178	2		6517	84	210	785
广　西	239	88	57			92	1		1
海　南									
重　庆	15024	3846	61		1	7468	2659	26	963
四　川	1031	461	28		1	478	4	4	55
贵　州	212	43	4		2	161	1	1	
云　南	260	49	78			133			
西　藏									
陕　西	268	86	46			118		12	6
甘　肃	64	36	9			16	1		2
青　海	11	11							
宁　夏	186	14	8	2		63		3	96
新　疆	1066	191	359			387	79		50

4-1-15 版权引进和输出情况

单位：项

项　　目	2005	2006	2007	2008	2009	2010	2011	2012
引进合计	**10894**	**12386**	**11101**	**16969**	**13793**	**16602**	**16639**	**17589**
图书	9382	10950	10255	15776	12914	13724	14708	16115
录音制品	90	150	270	251	262	439	278	475
录像制品	114	108	106	153	124	356	421	503
电子出版物	155	174	130	117	86	49	185	100
软件	401	434	337	362	249	304	273	189
电影		29	1		2	284	37	12
电视节目	3	1		2	155	1446	734	190
其他	749	540	2	308	1		3	5
输出合计	**1517**	**2057**	**2593**	**2455**	**4205**	**5691**	**7783**	**9365**
图书	1434	2050	2571	2440	3103	3880	5922	7568
录音制品	1			8	77	36	130	97
录像制品	2		19	3		8	20	51
电子出版物	78	5	1	1	34	187	125	115
软件				3			5	2
电影					1		2	
电视节目			2		988	1561	1559	1531
其他	2	2			2	19	20	1

4-2-1　各地区广播和电视综合人口覆盖情况（2012年）

单位：%

地　区	广播节目综合人口覆盖率	#农村	电视节目综合人口覆盖率	#农村
全　国	**97.51**	**96.60**	**98.20**	**97.55**
北　京	100.00	100.00	100.00	100.00
天　津	100.00	100.00	100.00	100.00
河　北	99.33	99.08	99.26	98.99
山　西	95.36	92.95	98.10	96.97
内蒙古	97.92	96.23	96.84	94.58
辽　宁	98.59	97.52	98.68	97.66
吉　林	98.55	97.96	98.69	98.09
黑龙江	98.58	97.92	98.78	98.23
上　海	100.00	100.00	100.00	100.00
江　苏	99.99	99.99	99.88	99.85
浙　江	99.54	99.44	99.60	99.52
安　徽	97.85	97.33	98.10	97.69
福　建	98.04	97.69	98.58	98.35
江　西	97.23	96.75	98.40	98.01
山　东	98.33	97.89	98.03	97.53
河　南	97.89	97.52	97.94	97.64
湖　北	98.72	98.34	98.75	98.29
湖　南	92.95	88.82	97.17	95.60
广　东	99.47	98.89	99.43	98.82
广　西	96.05	95.49	97.74	97.39
海　南	96.48	95.36	95.45	93.83
重　庆	98.16	97.58	98.76	98.44
四　川	96.78	96.04	97.75	97.26
贵　州	88.46	86.59	92.99	91.89
云　南	96.03	95.21	97.04	96.45
西　藏	93.38	92.00	94.51	93.27
陕　西	97.15	96.47	98.12	97.57
甘　肃	96.89	96.25	97.56	97.02
青　海	94.14	91.88	96.33	95.04
宁　夏	95.20	92.95	98.90	98.37
新　疆	95.34	94.85	95.62	94.60

4-2-2 全国有线广播电视用户情况

年 份	有线广播电视用户数(万户)	#农村	有线广播电视用户数占家庭总户数的比重(%)
2005	12842.1	4262.0	35.4
2006	14043.5	5526.2	37.0
2007	15331.4	6135.3	39.9
2008	16397.9	6567.7	41.6
2009	17522.7	6863.1	44.0
2010	18872.2	7291.7	46.4
2011	20264.4	8123.2	49.4
2012	21509.0	8432.3	51.5

4-2-3　各地区有线广播电视用户情况(2012年)

地　区	有线广播电视用户数(户)	#数字电视	#付费数字电视	有线广播电视用户数占家庭总户数的比重(%)
全　国	**215089705**	**143030715**	**25011234**	**51.5**
北　京	4986002	3788317	9390	100.5
天　津	2779400	2415900	189848	80.4
河　北	7926073	5829341	132317	35.1
山　西	4747610	3059448	91104	38.5
内蒙古	3198267	2238463	148688	38.2
辽　宁	9215862	5374464	132826	61.5
吉　林	5121737	4042648	795981	52.9
黑龙江	6132402	3721533	995905	49.9
上　海	6479881	4090344	478636	124.1
江　苏	21778633	14495278	2985636	89.8
浙　江	13573437	11797870	2682719	83.9
安　徽	5188256	2938979	320595	24.5
福　建	6596659	3839518	559506	64.6
江　西	5398445	3229654	517089	44.6
山　东	18354028	10916046	1864085	61.4
河　南	8504419	1455810	79529	27.4
湖　北	10483786	8246865	1375935	51.6
湖　南	7458816	5943336	867902	37.2
广　东	19130087	14328683	1875870	75.3
广　西	6229860	3499782	661823	45.8
海　南	950772	758938	82203	36.6
重　庆	5092712	2971028	393737	44.1
四　川	13926785	6600409	2308636	46.1
贵　州	3966106	3576919	995598	32.9
云　南	5519015	4044172	2561190	43.1
西　藏	185925	68377	6885	26.6
陕　西	5962828	4711877	1505899	48.7
甘　肃	2011749	1617618	276966	26.1
青　海	609210	594124	93947	38.6
宁　夏	832135	832135		39.3
新　疆	2748808	2002839	20789	35.8

4-2-4 全国广播电视节目制作和播出情况

单位：小时

年 份	广播节目制作时间	公共广播节目播出时间	电视节目制作时间	公共电视节目播出时间
2005	6139227	10304214	2553861	12591570
2006	6192339	10780486	2618034	13604469
2007	6386696	11314370	2567065	14560513
2008	6443045	11530860	2628524	14823185
2009	6716500	12265513	2653552	15776767
2010	6814226	12660314	2742949	16355043
2011	6936960	13057496	2950490	16753029
2012	7188245	13383651	3436301	16985291

4-2-5　各地区广播节目制作情况(2012年)

单位：小时

地　区	全年制作广播节目时间	新闻资讯类	专题服务类	综艺类	广播剧类	广告类	其他类
全　国	**7188245**	**1333084**	**2044072**	**1973796**	**140492**	**796009**	**900789**
总局直属	287480	85570	143861	43354	1640	6638	6416
北　京	135139	15305	28589	48340	3349	18320	21233
天　津	75809	12811	15763	25814	193	17823	3403
河　北	327559	51760	99230	120413	2698	33393	20064
山　西	164197	35116	52001	41311	2959	11600	21209
内蒙古	262473	40961	93013	75246	12747	30064	10439
辽　宁	432646	60348	135010	133584	7652	56210	39839
吉　林	248477	31428	74404	89079	5533	33452	14577
黑龙江	232624	38977	78966	46643	2920	45699	19417
上　海	83309	17725	23471	29246	774	11004	1087
江　苏	582066	106333	151635	138443	15101	84744	85808
浙　江	464715	84088	133855	126041	8163	50652	61914
安　徽	183679	38236	45224	42881	3438	22700	31197
福　建	259744	51048	62928	76603	3679	23117	42368
江　西	193298	37555	58665	46236	4066	18960	27814
山　东	482006	80122	113086	142774	14037	51031	80954
河　南	298423	47583	79430	91973	1942	33545	43947
湖　北	230721	42851	66361	66381	2090	36225	16811
湖　南	171861	32632	31785	30276	3329	17442	56395
广　东	535125	97478	119934	137553	11012	47945	121201
广　西	188949	37628	41324	71827	645	13778	23745
海　南	55221	12557	15565	11271	913	4911	10001
重　庆	65487	18353	25299	12249	1238	3800	4546
四　川	210011	52883	69181	52607	2672	14349	18317
贵　州	129421	15605	37020	41296	2582	12886	20030
云　南	151305	41100	39586	31602	5274	13686	20056
西　藏	29547	4811	10501	11213	10	2645	366
陕　西	229064	43355	57197	52632	6668	34702	34507
甘　肃	113867	24502	31354	30877	1618	14232	11281
青　海	31956	5561	6937	10708	1718	1495	5535
宁　夏	43826	9858	10973	12775	1519	6864	1835
新　疆	288223	58932	91908	82531	8304	22083	24463

4-2-6 各地区电视节目制作交易情况(2012年)

地 区	全年制作电视节目时间(小时)	新闻资讯类	专题服务类	综艺益智类	影视剧类	广告类	其他类
全 国	**3436301**	**886904**	**892521**	**483174**	**163347**	**555192**	**455160**
总局直属	338511	47964	101376	27076	86985	7200	67907
北 京	236221	57934	93847	34210	5381	5531	39316
天 津	24600	4611	11852	5679	193	1871	393
河 北	152266	27175	36751	34734	953	33599	19051
山 西	92036	24570	15309	12615	1278	21665	16596
内蒙古	66795	22319	16331	7432	7	16399	4305
辽 宁	176710	28514	37961	50333	1335	35758	22806
吉 林	85627	15888	22179	27234	2192	12978	5154
黑龙江	108143	26168	18316	16306	2312	17960	27079
上 海	53273	16432	11949	4833	3104	10887	6067
江 苏	205738	58072	50250	23289	6136	48722	19266
浙 江	165056	40177	33743	13015	5526	48142	24450
安 徽	86881	25703	24108	8059	5666	14940	8402
福 建	60812	22678	18886	6421	628	5878	6318
江 西	93261	28605	25230	8931	2238	18897	9356
山 东	206484	44211	51167	38230	9998	39177	23699
河 南	142235	35764	31252	28082	139	23699	23297
湖 北	108433	28616	29548	12018	374	24359	13516
湖 南	135676	43645	24789	14340	281	25632	26986
广 东	173771	55483	38545	28090	11313	29322	11015
广 西	88403	27042	23711	8527	306	21565	7249
海 南	16895	8450	3868	1554	307	2449	265
重 庆	59467	13028	25822	5712	566	4741	9595
四 川	110870	41237	30853	11373	557	13611	13236
贵 州	46149	15477	12505	5650		2582	9934
云 南	97612	30668	27424	8339	2992	17202	10984
西 藏	8438	3049	2079	380	1200	964	766
陕 西	102135	30512	25247	16446	2124	15035	12769
甘 肃	58226	19063	16528	8206	468	8338	5622
青 海	19073	5779	3925	2407	1046	4795	1120
宁 夏	23986	5883	7351	3387	277	5218	1868
新 疆	92503	32172	19808	10249	7454	16058	6760

4-2-6　续表

地　区	全年电视剧制作投资额（万元）	全年动画电视制作投资额（万元）	全年电视节目国内销售额（万元）		
				#电视剧	#动画电视
全　国	**910326.5**	**175534.9**	**1696218.1**	**867289.5**	**104729.3**
总局直属	21011.9	3366.4	91452.3	51748.8	3067.9
北　京	376881.7	16180.9	383772.7	277900.7	9082.0
天　津	1973.6		1470.5	1272.0	
河　北	3099.2	4893.1	1533.8	265.6	45.9
山　西		200.0	3.5		
内蒙古		16.0	30.0		19.0
辽　宁	3250.0	863.0	7390.0	40.0	196.0
吉　林	1625.0		1862.0	1862.0	
黑龙江	8784.0		415207.0		
上　海	58853.4	4659.6	128358.1	113621.4	1042.9
江　苏	30949.6	37175.0	61901.8	46950.6	12992.0
浙　江	163074.5	19028.1	343122.2	258189.0	16957.4
安　徽	16137.1	17190.7	15357.6	345.2	8126.3
福　建	15775.3	17484.8	35599.5	22769.9	10848.3
江　西	5000.0	5101.9	7054.8	1036.2	6018.6
山　东	14404.0	350.0	19079.6	17224.2	524.0
河　南					
湖　北	30550.0	6716.0	13392.9	7695.5	4969.8
湖　南	20732.0	7467.4	18118.4	2399.5	3698.7
广　东	71274.1	27457.0	117254.8	38981.0	24319.9
广　西	2280.6	940.2	861.7	372.5	210.0
海　南					
重　庆	8161.0	4955.2	12044.0	4643.2	2443.6
四　川	10022.6	11.3	2252.1	2252.1	
贵　州			497.0	298.0	
云　南	4004.0		9716.0	9600.0	
西　藏					
陕　西	36588.0	1333.2	8391.5	7742.0	125.0
甘　肃	45.0	25.0	412.8	80.0	
青　海					
宁　夏	65.8	115.1	81.5		42.0
新　疆	5784.0	5.0			

4-2-7 各地区广播节目播出情况(2012年)

地 区	公共广播节目套数(套)	全年公共广播节目播出时间(小时)			
			#转中央台节目	#自制节目	#购买交换节目
全 国	**2627**	**13383651**	**1383869**	**8803756**	**1818718**
总局直属	27	292062	463	282867	8732
北 京	25	172170	2319	139460	29492
天 津	22	144377	2613	85964	5504
河 北	131	636622	41009	408951	158485
山 西	108	377519	49800	221761	54619
内蒙古	124	667460	138205	329822	58189
辽 宁	115	700601	32543	496684	148445
吉 林	69	451659	23281	320325	89123
黑龙江	102	416168	38566	242136	53288
上 海	21	138385	3767	112351	17596
江 苏	126	794598	52565	612297	107900
浙 江	108	714622	46947	531310	74769
安 徽	106	523253	50129	338025	87192
福 建	89	513651	102752	316986	23011
江 西	105	361176	62139	216293	42047
山 东	157	870889	67553	570143	183307
河 南	151	642466	70800	425982	90511
湖 北	86	461345	44193	303120	82079
湖 南	99	370308	56247	221731	38780
广 东	130	798898	46646	611233	67323
广 西	63	313740	25759	242047	24648
海 南	24	118478	18871	68901	19220
重 庆	34	139699	17865	96374	16560
四 川	122	579580	97868	310946	88774
贵 州	39	208683	18253	152874	31311
云 南	49	280541	27232	207767	35158
西 藏	8	42242	1637	32916	7328
陕 西	107	417565	53113	256281	65308
甘 肃	87	295005	57078	161514	29969
青 海	10	60735	9393	44596	4165
宁 夏	24	101932	11865	68750	14706
新 疆	159	777207	112380	373334	61164

4-2-7　续表

地　区	按节目类型分					
	新闻资讯类	专题服务类	综艺益智类	广播剧类	广告类	其他类
全　国	**2709968**	**3033050**	**3664874**	**699153**	**1274835**	**2001769**
总局直属	91255	111099	64294	2815	14984	7614
北　京	18950	39666	73536	8535	14753	16728
天　津	19947	26790	47569	1983	22071	26014
河　北	110752	156340	256552	18411	54133	40432
山　西	82164	85021	99515	27452	21940	61425
内蒙古	110731	151421	214164	38768	51469	100904
辽　宁	95513	187255	226493	43398	73062	74878
吉　林	57662	117160	181527	22225	53688	19394
黑龙江	78627	99521	88760	16866	48315	84076
上　海	36563	32679	45485	6277	15053	2325
江　苏	152969	185545	184793	40826	99815	130647
浙　江	145666	174486	179961	26662	72740	115104
安　徽	92016	113274	104914	36610	60794	115642
福　建	121750	107368	146218	14927	31086	92300
江　西	86800	82908	88068	25173	27526	50698
山　东	145141	164712	236900	68912	99960	155262
河　南	114570	133326	201759	41848	61833	89128
湖　北	93958	106876	131175	27876	67017	34441
湖　南	86207	61159	78096	19143	34177	91524
广　东	162813	156661	197072	29161	69999	183189
广　西	75582	54417	102848	8551	30884	41455
海　南	29677	22713	26856	9184	9688	20359
重　庆	35365	34635	26521	12188	7518	23470
四　川	135641	131526	128667	25042	44447	114255
贵　州	37862	50769	56683	11312	22275	29779
云　南	69942	59886	62635	17096	29715	41263
西　藏	8473	12507	15843	1492	2824	1102
陕　西	94451	90215	83313	31853	54182	63550
甘　肃	82337	62668	62847	15218	26185	45748
青　海	10219	10320	22025	4012	3376	10781
宁　夏	26226	20594	30501	6968	12014	5626
新　疆	200123	189517	199269	38356	37298	112642

4-2-8 各地区电视节目播出情况(2012年)

地 区	公共电视节目套数(套)	全年公共电视节目播出时间(小时)	#转中央台节目	#自制节目	#购买交换节目
全 国	**3273**	**16985291**	**1238773**	**5641879**	**8851959**
总局直属	32	268458		191795	68462
北 京	26	125444	383	64872	60001
天 津	32	178101	8948	50165	118431
河 北	178	781442	40140	287518	421854
山 西	115	476371	46118	148122	221258
内蒙古	120	642864	88231	181798	266550
辽 宁	119	731393	18226	289977	407839
吉 林	76	501420	13925	193988	284445
黑龙江	118	619992	105376	164484	198599
上 海	25	180644	2915	81616	95746
江 苏	130	833099	22146	322893	478061
浙 江	114	733784	21546	290637	407784
安 徽	115	636368	39796	170675	385421
福 建	97	333099	3731	143995	171197
江 西	113	642389	112108	141093	347749
山 东	171	974387	64341	334182	524744
河 南	166	881588	72787	307393	452220
湖 北	115	686765	27506	241852	401046
湖 南	139	734411	83595	214907	358501
广 东	153	744564	35643	229807	383796
广 西	116	529407	29866	195036	270493
海 南	15	89675	3197	34276	50434
重 庆	45	280961	11777	108921	150869
四 川	203	1075951	143815	310551	493290
贵 州	101	240031	15887	111333	93967
云 南	159	773078	65104	230420	407935
西 藏	10	45620	2727	19191	21112
陕 西	123	597998	39799	196076	316678
甘 肃	106	435812	32296	129243	249039
青 海	15	89285	7500	26415	48883
宁 夏	28	153742	8388	53922	86650
新 疆	198	967134	70944	174712	608892

4-2-8　续表

地　区	按节目类型分					
	新闻资讯类	专题服务类	综艺益智类	影视剧类	广告类	其他类
全　国	**2304049**	**2022170**	**1454231**	**7359529**	**2017196**	**1828114**
总局直属	67995	92092	40538	56371	9301	2158
北　京	22112	50093	8893	23314	11767	9262
天　津	21075	47399	9905	70747	17868	11106
河　北	95366	82969	93297	387955	89280	32571
山　西	63351	38968	47702	192038	56414	77896
内蒙古	81211	62507	53616	297987	71427	76114
辽　宁	69348	95014	120347	285194	81212	80276
吉　林	44922	72810	107745	202310	58228	15402
黑龙江	79412	50015	59424	209946	55041	166152
上　海	30824	36993	12897	65054	17702	17172
江　苏	108074	107475	61079	339763	113166	103540
浙　江	94558	73588	38789	329109	123652	74085
安　徽	77773	64014	42992	310711	95125	45751
福　建	56897	53612	22149	111826	48486	40126
江　西	78740	64376	42547	312338	68164	76222
山　东	109638	112317	100150	441905	131979	78396
河　南	106863	92119	84199	414085	88844	95476
湖　北	79605	95141	44947	322127	105922	39021
湖　南	112792	74183	57734	328740	79199	81762
广　东	114250	84641	43500	271178	103242	127751
广　西	87986	68794	27329	197593	93609	54094
海　南	17674	11751	5376	35783	14664	4424
重　庆	35614	53337	25660	110203	25458	30688
四　川	168393	108704	79944	455206	115959	147743
贵　州	64757	25835	16375	65417	25231	42413
云　南	113795	78917	52676	370769	79122	77796
西　藏	6902	4152	1258	23728	4348	5232
陕　西	76218	61222	49069	246263	76198	89026
甘　肃	57951	49869	26819	225662	34918	40592
青　海	11330	7457	10666	46987	6973	5871
宁　夏	18695	15959	15616	72748	21548	9175
新　疆	129915	85833	50979	536462	93135	70808

4-2-9 各地区电视剧播出情况(2012年)

地区	全年电视剧播出数		#进口电视剧		全年动画电视播出时间(小时)	#进口动画电视
	部	集	部	集		
全国	**242298**	**6622013**	**4872**	**107103**	**304877**	**12062**
总局直属	1790	49377	30	1154	6203	1237
北京	494	16035	34	879	5544	80
天津	3450	53539	740	1462	3363	501
河北	14361	409734	144	6016	7435	541
山西	6255	168311	44	1234	8381	312
内蒙古	12416	293458	62	1549	13304	108
辽宁	9598	270211	231	7416	7212	468
吉林	7608	219661	222	6112	1592	
黑龙江	3912	104848	53	1921	2267	750
上海	1162	41340	56	1357	15362	698
江苏	9631	284036	55	1984	16996	122
浙江	8754	268933	107	3257	20215	201
安徽	10404	271771	178	5281	7774	365
福建	3475	107902	60	1644	6957	185
江西	10071	270747	427	12111	17564	746
山东	11309	354956	69	1799	13465	156
河南	15590	450651	105	3085	6311	500
湖北	13728	356712	86	2287	9855	98
湖南	10784	288178	23	858	21145	883
广东	6496	222937	84	2122	26264	285
广西	6358	170270	240	2823	7329	182
海南	759	25381	4	80	2443	323
重庆	4716	110439	157	4220	6538	547
四川	18046	481623	207	4891	16534	1054
贵州	2619	62911	115	2395	2484	
云南	9984	267499			9319	243
西藏	568	17980	1	40	587	
陕西	8261	237173	29	575	6598	
甘肃	7069	197745	10	478	11038	72
青海	1164	29162	4	246	1430	
宁夏	1823	43457	15	818	4686	
新疆	19643	475036	1280	27009	18669	1397

4-2-10　全国广播电视从业人员情况

年　份	从业人员（人）	#编辑、记者	#播音员、主持人	#工程技术人员
2005	595377	102097	22108	107780
2006	624287	107546	22409	116713
2007	644206	110416	23345	117662
2008	672722	116045	23691	124159
2009	705817	122004	24627	126257
2010	750899	132186	25743	132431
2011	786372	135748	28007	143474
2012	820410	142297	28164	151884

4-2-11　全国广播电视收入资产情况

单位：万元

年　份	总收入	行政事业单位总收入	企业单位总收入	#广告收入	#广播广告收入	#电视广告收入	#网络收入	#有线电视收视费收入	#付费数字电视收入	资产总额
2005	9311473	6536422	2775050	4687858	505811	4065339				27148379
2006	10991237	7125726	3865511	5273464	590108	4533350	2515097	1835454	52331	29718427
2007	13049963	8498819	4551144	5999267	656863	5183081	3059343	2115395	83371	33555382
2008	15827997	10053783	5774214	7016926	722244	6091123	3694988	2500593	142183	39082171
2009	18528471	11080321	7448150	7817757	814648	6758184	4188499	2846206	181747	44977878
2010	23018677	12725101	10293576	9399745	995807	7965883	4874430	3225188	252921	57331162
2011	27173157	13479783	13693374	11228956	1233178	9345355	5637763	3641728	376876	62633579
2012	32687891	14978310	17709581	12702465	1361954	10462897	6609791	4083530	448793	74067132

4-2-12 各地区广播电视收入情况(2012年)

单位：万元

地 区	总收入	#广告收入			
			广播广告	电视广告	其他广告
全 国	**32687891**	**12702465**	**1361954**	**10462897**	**877614**
总局直属	5807801	3146726	77296	3022367	47062
北 京	3079306	1081857	109251	483886	488719
天 津	435047	164567	50012	113304	1251
河 北	526663	220091	43422	159635	17035
山 西	341268	108676	20763	84048	3865
内蒙古	393047	54153	17216	36289	648
辽 宁	717625	285287	74264	203726	7297
吉 林	405764	134552	27112	107301	138
黑龙江	522303	219371	50666	158490	10215
上 海	2811032	718281	54766	587547	75969
江 苏	2528657	1031148	134026	867834	29288
浙 江	2403510	724395	114846	577418	32131
安 徽	715327	389632	30969	349263	9399
福 建	659204	208711	29964	156294	22453
江 西	474764	178608	13433	157545	7630
山 东	1257841	606097	97240	486425	22432
河 南	620072	319273	37767	269710	11795
湖 北	779803	258438	40915	210351	7172
湖 南	1588853	742915	34214	694070	14631
广 东	2144604	896412	115845	751023	29545
广 西	440582	122956	15408	101326	6222
海 南	126927	61981	3583	57159	1239
重 庆	367060	105714	14750	87325	3639
四 川	1010593	312842	33948	257643	21252
贵 州	491815	121383	15104	105230	1048
云 南	516557	153325	15713	135162	2449
西 藏	71952	14947	133	14814	
陕 西	578194	187705	59003	128282	420
甘 肃	285363	37797	7062	30147	589
青 海	78477	5401	1053	4319	29
宁 夏	179839	34789	2229	31361	1199
新 疆	328040	54435	19980	33602	853

4-2-12　续表

地　区	#网络收入	有线广播电视收视费收入	付费数字电视收入	三网融合业务收入	其他网络收　入	#广播电视节目销售收入
全　国	**5225151**	**2994883**	**398861**	**359360**	**1472047**	**1343029**
总局直属	130316	34960	26803	25382	43171	75829
北　京						
天　津	321323	100411	4734	74968	141211	438303
河　北	94772	56989	1707	14147	21928	12225
山　西	146617	123865	4088	863	17801	1354
内蒙古	66907	64477	205	268	1957	234
	105073	66401	9604		29068	30
辽　宁						
吉　林	175976	128624	5853	8293	33206	8390
黑龙江	176360	102382	19698	4756	49523	2166
	58018	46452	1525		10042	
上　海						
江　苏	268055	130517	20313	4020	113204	128303
浙　江	462578	233913	36125	29994	162547	60801
安　徽	286848	122972	13854	53895	96127	344295
福　建	102821	25964	50541	2351	23966	16425
江　西	73784	42280	5772	5065	20667	37780
山　东	143834	102826	16023	1221	23764	7055
	289432	193771	11927	7602	76132	6845
河　南						
湖　北	84883	48965	3104	8293	24522	
湖　南	215323	156582	11052	11394	36296	15681
广　东	205198	130981	23847	9983	40387	15963
广　西	514746	319381	24956	25354	145055	130779
海　南	169868	87495	11538		70835	862
	34642	25077	593		8972	
重　庆						
四　川	151746	90204	6289	12142	43111	13453
贵　州	344829	183760	30919	28125	102025	2252
云　南	126659	70389	15448	253	40569	1677
西　藏	162658	96783	26197	8478	31200	218
陕　西	170031	106634	13631	17561	32205	21537
甘　肃	49389	42747	1199	1819	3624	489
青　海	18748	13706	1010	171	3861	
宁　夏	27830	24930			2900	83
新　疆	45887	20448	305	2961	22172	

4-2-13 各地区广播电视企业单位经营情况（2012年）

单位：万元

地区	总收入	#主营业务收入	本年应缴税金	固定资产投资额	本年新增固定资产
全国	**17709581**	**16844912**	**1152854**	**2659115**	**2448760**
总局直属	2028751	1960231	185918	223379	192996
北京	2472749	2335933	193211	161981	146709
天津	219292	214216	13009	49042	46802
河北	227933	196426	31624	70788	80892
山西	83953	80918	4433	17827	15996
内蒙古	105103	105103	3163	15171	15171
辽宁	441805	424520	18378	41892	47149
吉林	190833	187345	9030	156751	75970
黑龙江	48910	79232	2906	2988	41016
上海	2729613	2619973	178444	291743	313086
江苏	1693898	1613915	91080	194271	222273
浙江	1710203	1640880	80109	262688	124592
安徽	218518	201708	9186	45525	51754
福建	316979	303795	23722	63830	35759
江西	264658	247286	44771	26674	25092
山东	479104	471410	24203	97026	85080
河南	152533	140073	8677	68773	28376
湖北	394339	369304	9475	91727	65946
湖南	762604	755868	63888	97861	83996
广东	1143588	1085282	75558	47257	189219
广西	218386	168471	6144	33918	64436
海南	36362	34770	1550	13113	7217
重庆	327241	256312	15917	99112	69862
四川	648797	601191	31222	234028	209536
贵州	161262	150085	7369	35234	36098
云南	177180	165358	5310	93631	67454
西藏					
陕西	246459	240301	7671	96364	84752
甘肃	85507	84022	2446	4966	5393
青海	22389	21484	910	7305	6129
宁夏	48730	40346	1468	5672	3418
新疆	51902	49154	2061	8580	6591

4-2-14　各地区广播电视企业单位创收情况（2012年）

单位：万元

地区	实际创收收入	广告收入			
			广播广告收入	电视广告收入	其他广告收入
全　国	**16841167**	**3903692**	**369820**	**2781412**	**752460**
总局直属	1987717	245202	34184	166421	44598
北　京	2024980	716167	37750	190274	488143
天　津	214216	80596	114	79733	749
河　北	223664	25115	5585	8839	10691
山　西	78991	3097	195	1553	1349
内蒙古	105104				
辽　宁	412386	152258	29331	116342	6584
吉　林	190573	4656	167	4391	98
黑龙江	75798	294			294
上　海	2673314	714260	54262	584163	75835
江　苏	1665179	609992	57377	542486	10128
浙　江	1680457	473399	60484	391898	21017
安　徽	218513	21867		14401	7466
福　建	219629	65207	12540	31415	21251
江　西	261358	37524	71	31598	5855
山　东	476723	64152	10444	50238	3470
河　南	150217	14188		5484	8704
湖　北	380271	56508	2687	49698	4123
湖　南	744200	97192	337	89944	6912
广　东	1097815	188859	19067	144702	25090
广　西	208160	2649	20	76	2553
海　南	36362	129			129
重　庆	300509	97921	14494	80230	3198
四　川	640960	181167	16010	162507	2649
贵　州	154830	11330	9314	1866	150
云　南	176802	2003		2003	
西　藏					
陕　西	243304	5822		5645	177
甘　肃	85188	28709	5387	23025	297
青　海	22069				
宁　夏	41195	3196		2481	715
新　疆	50685	233			233

4-2-14 续表

单位：万元

地 区	网络收入					广播电视节目销售收入	其他创收收入
		有线广播电视收视费收入	付费数字电视收入	三网融合业务收入	其他网络收 入		
全 国	**5225151**	**2994883**	**398861**	**359360**	**1472047**	**1343029**	**6369295**
总局直属	130316	34960	26803	25382	43171	75829	1536369
北 京	321323	100411	4734	74968	141211	438303	549187
天 津	94772	56989	1707	14147	21928	12225	26624
河 北	146617	123865	4088	863	17801	1354	50577
山 西	66907	64477	205	268	1957	234	8752
内蒙古	105073	66401	9604		29068	30	1
辽 宁	175976	128624	5853	8293	33206	8390	75763
吉 林	176360	102382	19698	4756	49523	2166	7391
黑龙江	58018	46452	1525		10042		17486
上 海	268055	130517	20313	4020	113204	128303	1562696
江 苏	462578	233913	36125	29994	162547	60801	531808
浙 江	286848	122972	13854	53895	96127	344295	575915
安 徽	102821	25964	50541	2351	23966	16425	77400
福 建	73784	42280	5772	5065	20667	37780	42858
江 西	143834	102826	16023	1221	23764	7055	72945
山 东	289432	193771	11927	7602	76132	6845	116294
河 南	84883	48965	3104	8293	24522		51146
湖 北	215323	156582	11052	11394	36296	15681	92759
湖 南	205198	130981	23847	9983	40387	15963	425848
广 东	514746	319381	24956	25354	145055	130779	263430
广 西	169868	87495	11538		70835	862	34781
海 南	34642	25077	593		8972		1591
重 庆	151746	90204	6289	12142	43111	13453	37389
四 川	344829	183760	30919	28125	102025	2252	112713
贵 州	126659	70389	15448	253	40569	1677	15165
云 南	162658	96783	26197	8478	31200	218	11923
西 藏							
陕 西	170031	106634	13631	17561	32205	21537	45914
甘 肃	49389	42747	1199	1819	3624	489	6601
青 海	18748	13706	1010	171	3861		3321
宁 夏	27830	24930			2900	83	10086
新 疆	45887	20448	305	2961	22172		4565

4-2-15　各地区广播电视企业单位资产负债情况(2012年)

单位：万元

地　区	资产总额		负债总额	所有者权益
		#固定资产净值		
全　国	**43125883**	**11373938**	**21074237**	**22051646**
总局直属	3447392	727997	1515135	1932257
北　京	6848746	1050343	3365615	3483131
天　津	367646	143100	262207	105439
河　北	579719	342980	363901	215817
山　西	294855	99128	176226	118629
内蒙古	250611	113205	133597	117014
辽　宁	949257	331525	533596	415660
吉　林	763342	280420	277572	485770
黑龙江	153564	79865	88222	65342
上　海	5689548	969225	2236735	3452813
江　苏	4469612	1065054	1961699	2507913
浙　江	3498086	538995	1586464	1911622
安　徽	682815	282321	435406	247409
福　建	668812	165062	347123	321689
江　西	610158	166590	447795	162364
山　东	1244446	656980	472921	771525
河　南	654746	188331	446495	208251
湖　北	1240252	479180	705447	534805
湖　南	1959121	445358	1100418	858702
广　东	3123816	867840	983396	2140420
广　西	505917	220860	259882	246035
海　南	156579	86902	74185	82394
重　庆	907700	334696	561749	345951
四　川	1548280	708888	1256552	291728
贵　州	440687	173656	275997	164689
云　南	895289	285102	581611	313678
西　藏				
陕　西	631460	361258	345251	286209
甘　肃	136720	65839	81078	55642
青　海	58204	26119	27155	31049
宁　夏	128863	40107	60535	68328
新　疆	219639	77010	110270	109369

4-2-16 全国电视节目进出口情况

单位：万元

年 份	电视节目进口额	#电视剧	#动画电视	电视节目出口额	#电视剧	#动画电视
2006	33714	18513	803	16940	11085	5148
2007	32067	10757	981	12175	2435	7354
2008	45421	24293	878	12476	7525	2948
2009	49146	26887	128	9173	3584	4456
2010	43047	21450	247	21010	7484	11133
2011	54099	34564	702	22662	14649	3662
2012	62534	39584	1489	22824	15020	3105

4-2-17 全国电视节目进出口情况(2012年)

指 标	单位	合计	欧洲	非洲	美洲	#美国	亚洲
全年电视节目进口总额	万元	62533.5	8766.1	3.3	8203.8	8144.6	43428.0
# 电视剧	万元	39583.9	999.8		838.0	838.0	37641.1
动画电视	万元	1489.0	111.4		410.9	410.9	966.6
纪录片	万元	5976.3	3471.9	3.3	2181.1	2121.9	198.4
全年电视节目进口量	时:分	13089:39	5130:35	0:50	4077:36	4060:56	3598:53
# 电视剧	部/集	117/3164	5/117		9/111	9/111	99/2906
动画电视	时:分	384:50	17:10		293:46	293:46	73:54
纪录片	时:分	1976:11	840:50	0:50	917:37	912:37	172:44
全年电视节目出口总额	万元	22824.2	2429.1	53.4	3021.8	1964.5	14320.6
# 电视剧	万元	15019.8	156.3	51.4	1405.1	760.4	11142.1
动画电视	万元	3104.7	378.8		677.8	396.0	2008.7
纪录片	万元	3226.0	1119.0	2.0	711.0	711.0	699.0
全年电视节目出口量	时:分	37572:40	915:46	282:51	18245:57	15537:43	14948:53
# 电视剧	部/集	326/15329	20/537	11/332	57/2063	48/1759	199/8521
动画电视	时:分	1677:49	239:22		448:48	383:21	961:11
纪录片	时:分	2368:56	59:0	2:36	498:0	498:0	1545:20

4-2-17 续表

指 标	单位	#日本	#韩国	#东南亚	#中国香港	#中国台湾	大洋洲
全年电视节目进口总额	万元	3086.1	21144.4	5495.5	8215.5	5431.3	2132.3
# 电视剧	万元	2084.0	21067.8	5247.5	3919.3	5288.5	105.0
动画电视	万元	821.2		107.0	38.4		
纪录片	万元	26.6	72.4	17.0	82.4		121.7
全年电视节目进口量	时:分	166:29	1299:21	619:29	1224:52	252:12	281:45
# 电视剧	部/集	4/107	49/1519	20/552	13/378	12/310	4/30
动画电视	时:分	44:44		14:10	15:0		
纪录片	时:分	11:39	147:50	7:30	5:45		44:10
全年电视节目出口总额	万元	1385.7	1368.2	3090.0	2144.3	5728.9	2999.3
# 电视剧	万元	1352.7	481.5	2452.4	1157.5	5189.9	2265.0
动画电视	万元	13.0	839.7	317.0	596.8	204.5	39.4
纪录片	万元	17.0	43.0	150.0	190.0	299.0	695.0
全年电视节目出口量	时:分	242:19	694:51	5553:50	2774:31	5441:46	3179:13
# 电视剧	部/集	9/257	14/590	78/3472	42/1861	45/2095	39/3876
动画电视	时:分	0:10	52:36	324:49	305:32	199:12	28:28
纪录片	时:分	7:0	115:0	364:20	374:0	685:0	264:0

4-2-18 各地区电视节目进出口情况(2012年)

地区	全年电视节目进口总额(万元)	#电视剧	#动画电视	全年电视节目进口量(小时)	进口电视剧		全年电视节目出口总额(万元)	#电视剧	#动画电视	全年电视节目出口量(小时)
					部	集				
全国	**62534**	**39584**	**1489**	**13089**	**117**	**3164**	**22824**	**15020**	**3105**	**37572**
总局直属	24484	6256	536	6908	19	465	6332	5332	143	9182
北京	1083	1083		507	21	756	4181	2550	110	5770
河北	40			78						
辽宁	418	418		45	3	60				
吉林	28	16		338	11	213				
上海	2143	271	38	2964	9	65	1186	644	105	13803
江苏	252	252		15	1	20	825		825	10
浙江							6403	5339	1064	6934
安徽	11856	11856		191	9	253				
福建							41		41	74
山东							300		300	18
湖南	12165	12165		157	4	209				
广东	1857	1547	28	959	12	236	2483	1155	518	1753
广西	178	178		306	11	409				
四川	160	160		24	2	32				
西藏	10	10		30	1	40				
陕西	7845	5358	887	444	8	246	1073			24
青海	15	15		120	6	160				

4-2-19 全国电影发展情况

年 份	国有电影制片厂(个)	#电影故事片厂	生产故事影片(部)	生产动画影片(部)	生产科教影片(部)	生产纪录影片(部)
2005	36	32	260	7	33	2
2006	36	32	330	13	36	13
2007	38	32	402	6	34	9
2008	38	33	406	16	39	16
2009	38	31	456	27	52	19
2010	38	31	526	16	54	16
2011	38	31	558	24	76	26
2012	38	31	745	33	74	15

4-2-19 续表

年 份	生产特种影片(部)	电影院线			国内电影票房收入(亿元)	电视播映收入(亿元)	国产影片海外销售收入(亿元)
		数量(条)	院线内影院(家)	银幕(块)			
2005		36	1243	2668	20.00		
2006		34	1325	3034	26.20	12.00	19.10
2007		34	1427	3527	33.27	13.79	20.20
2008	2	34	1545	4097	43.41	25.28	15.64
2009	4	37	1687	4723	62.06	16.89	27.70
2010	9	37	1820	6256	101.72	20.32	35.17
2011	5	39	2803	9286	131.15	25.86	20.46
2012	26	40		13118	170.73	26.81	10.63

4-3-1 博物馆基本情况

年份	机构数（个）	从业人员（人）	文物藏品数（件/套）	基本陈列、展览(个)	参观人次（万人次）	实际使用房屋建筑面积（万平方米）	本年收入合计（万元）	#财政拨款	本年支出合计（万元）
2005	1581	38603	16199377	5929	11819	556	344539	166731	319862
2006	1617	40818	13024192	5879	12032	580	409927	203740	363518
2007	1722	42636	13760448	7689	25625	676	506375	264585	472082
2008	1893	51587	14554158	8364	28328	748	609161	427451	572440
2009	2252	59919	15711150	14057	32716	967	765924	569299	700720
2010	2435	57431	17552482	26704	40679	1088	961176	728877	878727
2011	2650	62181	19023423	16921	47051	1179	1205789	991036	1171131
2012	3069	71748	23180726	20115	56401	1471	1492024	1203789	1424802

4-3-2 各地区博物馆基本情况(2012年)

地 区	机构数(个)	从业人员(人)	#专业技术人员	文物藏品数(件/套)	举办展览(个)	参观人次(万人次)	门票销售总额(万元)
全 国	**3069**	**71748**	**27309**	**23180726**	**11885**	**56401**	**287600**
中央本级	6	2923	1284	2925044	120	2446	78384
北 京	41	1171	379	1140193	158	529	5952
天 津	20	717	464	688715	78	494	289
河 北	75	2152	657	252073	293	1667	7593
山 西	92	2451	753	584868	157	1247	18424
内蒙古	65	1328	764	482011	173	940	247
辽 宁	62	2170	1063	395910	219	1070	10705
吉 林	68	942	491	288405	309	860	4112
黑龙江	104	1788	911	337400	426	1310	758
上 海	90	2915	1460	2158074	352	1633	12639
江 苏	266	4966	1924	1590310	1212	5500	10554
浙 江	166	3624	1373	967070	899	3122	2437
安 徽	141	2236	843	607637	518	2165	411
福 建	94	1728	702	455526	477	1843	
江 西	109	2475	1031	459875	310	1877	842
山 东	178	4353	1986	1245492	940	3843	16677
河 南	180	5199	1291	888128	740	3425	3059
湖 北	161	3078	1558	1581612	508	2230	159
湖 南	95	2385	659	499069	364	3214	182
广 东	168	3277	1462	982169	977	3204	5109
广 西	79	1529	610	362854	250	1125	1908
海 南	19	250	69	68586	86	256	
重 庆	39	1624	607	566967	198	1643	13484
四 川	152	4904	1219	1062979	457	4210	24928
贵 州	66	1166	357	76024	184	936	20
云 南	85	986	624	557284	356	1078	2
西 藏	2	63	38	63150	24	24	
陕 西	194	5425	1524	1023699	406	2550	68077
甘 肃	149	2682	712	497085	406	1179	650
青 海	22	180	103	177252	63	88	
宁 夏	9	209	122	72204	43	84	
新 疆	72	852	269	123061	182	607	

4-3-2　续表 1

地　区	收入合计（万元）	财政拨款	上级补助收入	事业收入	经营收入	附属单位上缴收入	其他收入
全　国	**1492024**	**1203789**	**56417**	**115881**	**50959**	**1209**	**63769**
中央本级	127712	100243		22980	953	660	2875
北　京	71967	65060	336	3195			3376
天　津	17095	14815	38	1591	91		559
河　北	32283	23813		7043	572		855
山　西	39726	26126	86	6910	6336		268
内蒙古	31361	29361		557			1444
辽　宁	48393	47423	106	589			277
吉　林	17114	12563	779	3689	31		51
黑龙江	25843	21848	1165	370	136	60	2263
上　海	102508	83026	3159	6690	3118		6515
江　苏	107404	81172	3101	7168	9051		6913
浙　江	76908	63872	2857	2440	2187	26	5527
安　徽	26993	19781	3207	1555	195	30	2225
福　建	32069	27639	1183	1046	11		2191
江　西	34766	30266	2498	579	672	27	723
山　东	73443	47400	3984	3320	15777		2961
河　南	60854	47858	4195	6691	657		1453
湖　北	39092	27865	5090	2411	877	399	2450
湖　南	45965	43793	757	444	370	6	594
广　东	86599	79268	1309	5045	361		616
广　西	32873	27635	2440	1624			1175
海　南	4731	4401	209				122
重　庆	41498	35424	1119	1674	1602		1680
四　川	93476	59408	3492	16473	4623		9480
贵　州	14348	8860	5283	22	7		176
云　南	32827	31808	369	131	82		437
西　藏	1581	1519		62			
陕　西	114543	86525	9004	10461	3234		5319
甘　肃	33948	33108		699			141
青　海	4483	4250	40	116			78
宁　夏	5192	5025		105	16		47
新　疆	14430	12636	611	201			982

4-3-2 续表 2

地 区	支出合计(万元)	#基本支出	#项目支出	#经营支出	资产总计(万元)	#固定资产原值
总 计	**1424802**	**595607**	**725019**	**29407**	**4076383**	**3098918**
中央本级	142562	53814	88226	485	226050	132663
北 京	62064	20273	40949		36884	24132
天 津	19623	13469	5543	91	46806	6511
河 北	27284	14514	12156	543	61151	54145
山 西	29446	12653	16070	89	32036	25321
内蒙古	27974	13830	9253		128428	108509
辽 宁	48085	18548	26740		104637	81358
吉 林	18524	9675	8818	11	27194	17672
黑龙江	22531	11980	8868	143	132298	124272
上 海	108933	29392	51391	5804	564597	386157
江 苏	100728	50439	44505	2744	448175	368077
浙 江	78517	28596	47357	1878	265192	168415
安 徽	26851	13067	11443	666	101162	65144
福 建	29440	11096	17716	8	57639	39056
江 西	28287	13038	11943	1757	84254	46070
山 东	77691	34401	29194	8411	207036	176577
河 南	64419	27683	33668	672	118315	87336
湖 北	39826	14596	22528	609	112611	102519
湖 南	43728	21166	20625	315	111481	94359
广 东	83175	34578	45898	136	137630	115521
广 西	30701	13500	15262	60	66110	55588
海 南	5005	1493	3504		6555	5681
重 庆	41341	11966	27920	682	95110	67283
四 川	79909	34784	40935	170	319759	264064
贵 州	11825	5164	3506	28	94924	83329
云 南	14839	5231	9225	45	51035	42749
西 藏	1551	596	955		1538	241
陕 西	111419	51420	51143	3774	270243	219175
甘 肃	28697	15330	10691	271	105725	87506
青 海	3463	1480	1239		13779	13189
宁 夏	3818	2366	1260	15	15307	8473
新 疆	12547	5469	6492		32724	27829

4-3-2　续表 3

地　区	实际使用房屋建筑面积（万平方米）	#展览用房	#库房	实际拥有产权面积（万平方米）
总　计	**1471.1**	**708.9**	**126.0**	**922.0**
中央本级	50.5	16.9	7.6	52.8
北　京	30.3	9.2	1.9	13.5
天　津	18.8	8.9	3.0	2.5
河　北	43.5	20.1	3.2	30.1
山　西	35.3	13.1	3.8	24.0
内蒙古	44.4	20.1	3.0	21.4
辽　宁	38.9	21.6	2.9	8.7
吉　林	19.9	13.0	1.2	5.9
黑龙江	40.0	25.3	2.0	18.4
上　海	59.8	26.3	7.3	24.0
江　苏	143.1	76.1	8.6	100.7
浙　江	78.3	36.1	8.1	23.4
安　徽	45.7	23.8	3.2	40.8
福　建	41.1	19.1	3.1	33.5
江　西	46.0	24.6	3.6	22.4
山　东	105.1	63.1	7.8	72.7
河　南	78.9	41.3	9.1	65.2
湖　北	58.1	26.8	4.7	31.5
湖　南	42.0	16.7	4.2	26.3
广　东	98.6	40.6	6.2	31.2
广　西	26.6	12.8	2.6	5.7
海　南	4.8	2.0	0.2	0.3
重　庆	35.7	13.7	2.6	7.3
四　川	84.1	44.4	6.2	66.5
贵　州	17.1	7.4	1.0	7.5
云　南	31.3	16.6	3.1	13.6
西　藏	2.4	1.1	0.3	5.4
陕　西	79.5	30.0	9.0	87.7
甘　肃	39.9	19.4	3.6	37.6
青　海	4.4	2.5	0.5	2.7
宁　夏	6.6	2.6	0.7	33.6
新　疆	20.5	14.0	1.9	5.2

4-3-3 群众文化机构基本情况

年 份	机构数（个）	从业人员（人）	举办展览个数（个）	组织文艺活动次数（次）	举办训练班次（次）
2005	41588	122500	111300	391439	190194
2006	40088	123465	141150	497779	218696
2007	40601	128096	90900	546477	242055
2008	41156	131142	100877	473613	299791
2009	41959	137484	110251	555052	304955
2010	43382	141002	117353	576799	358719
2011	43675	147732	107785	620586	339883
2012	43876	156228	114774	688482	387201

4-3-3 续表

年 份	收入合计（万元）	#财政拨款	支出合计（万元）	实际使用房屋建筑面积（万平方米）
2005	365887	279033	358641	1507
2006	428962	322773	412430	1623
2007	548301	432311	575722	1667
2008	660111	528838	653613	1931
2009	807244	681147	794190	2194
2010	944397	803918	931951	2527
2011	1285601	1122872	1267505	2983
2012	1453601	1300692	1467803	3172

4-3-4　各地区群众文化机构基本情况(2012年)

地　区	机构数(个)	从业人员(人)	#专业技术人员	组织文艺活动次数(次)	组织文艺活动参加人次(万人次)
全　国	**43876**	**156228**	**61016**	**688482**	**31958.3**
北　京	343	2321	702	29076	701.5
天　津	283	973	419	6354	232.9
河　北	2393	6947	2454	33456	684.7
山　西	1538	4453	1768	18473	577.9
内蒙古	1132	4420	2250	11482	442.8
辽　宁	1550	5507	2381	27852	1526.5
吉　林	965	3869	2115	11153	755.8
黑龙江	1641	4633	2024	18834	735.1
上　海	240	4775	1063	32762	1453.0
江　苏	1419	6775	2745	39352	1830.0
浙　江	1447	6459	3621	40738	2156.7
安　徽	1554	6143	3076	20196	809.7
福　建	1199	3025	1194	12522	605.4
江　西	1950	4815	1483	14759	641.3
山　东	1979	8020	3872	42095	1519.4
河　南	2514	10843	2170	38639	1364.8
湖　北	1379	5044	2308	19638	1282.2
湖　南	2617	7798	1999	29331	1328.0
广　东	1744	10234	2806	38842	3259.7
广　西	1290	4827	2437	25171	1370.4
海　南	233	784	218	2856	153.5
重　庆	1038	4494	1167	15818	784.7
四　川	4800	8921	3100	52552	2954.8
贵　州	1661	5320	2182	12731	684.5
云　南	1526	6347	4601	25839	1502.9
西　藏	320	374	122	2173	70.8
陕　西	1772	7375	2493	16961	577.4
甘　肃	1423	4798	1286	11588	429.2
青　海	413	910	414	3432	124.4
宁　夏	254	1139	677	6178	463.5
新　疆	1259	3885	1869	27629	934.8

4-3-4 续表 1

地区	举办训练班		举办展览		组织公益性讲座	
	班次(次)	培训人次(万人次)	个数(个)	参观人次(万人次)	次数(次)	参加人次(万人次)
全 国	**387201**	**2749.7**	**114774**	**8961.8**	**20825**	**365.9**
北 京	19465	111.9	2144	150.0	627	15.5
天 津	7198	47.3	1077	50.6	230	6.1
河 北	14876	91.9	5152	238.6	1485	11.7
山 西	10719	88.2	2941	199.8	1216	12.6
内蒙古	3940	33.5	1639	167.6	393	3.8
辽 宁	19206	128.4	3791	203.9	1130	18.3
吉 林	5627	39.2	1261	144.1	390	7.4
黑龙江	5736	44.8	2718	167.3	597	11.7
上 海	27506	173.2	2754	379.1	394	10.1
江 苏	19016	149.2	7308	411.7	959	16.6
浙 江	25300	149.8	7053	535.9	1707	32.1
安 徽	13580	104.8	4668	259.3	591	10.9
福 建	7163	54.6	2565	361.5	392	7.4
江 西	12350	51.3	2449	201.0	826	16.1
山 东	22633	190.5	9356	657.4	1438	38.3
河 南	19207	137.0	8090	565.4	1176	19.4
湖 北	9881	83.8	3427	439.3	519	8.8
湖 南	12904	100.6	3885	357.5	1036	19.9
广 东	30198	192.3	7627	786.3	776	14.9
广 西	14254	71.5	2726	275.9	705	4.9
海 南	2118	13.5	482	27.6	49	1.1
重 庆	11115	80.1	3478	314.7	338	5.5
四 川	26129	211.1	8561	689.8	1393	24.5
贵 州	6059	40.5	1610	157.4	448	19.2
云 南	12834	128.6	3900	397.8	315	7.1
西 藏	459	3.9	279	7.4	30	0.7
陕 西	8985	69.6	4571	228.9	463	6.3
甘 肃	6482	55.6	3202	213.7	505	5.5
青 海	1287	9.0	720	27.3	89	1.0
宁 夏	1402	7.5	615	57.9	151	1.6
新 疆	9572	86.5	4725	287.1	457	7.2

4-3-4　续表 2

地　区	支出合计(万元)	财政拨款	上级补助收入	事业收入	经营收入	附属单位上缴收入	其他收入
全　国	**1453601**	**1300692**	**85818**	**24557**	**8548**	**801**	**33183**
北　京	28486	24267	885	834	203		2296
天　津	14259	12807	404	621	80	1	347
河　北	33401	32256	119	265	154	29	576
山　西	32616	31256	852	128		24	356
内蒙古	34352	33897	46	43	19		347
辽　宁	36813	35809	444	289	61		211
吉　林	29123	28294	440	74			316
黑龙江	24104	23500	461	20			124
上　海	109010	94322	6086	4154	851	363	3234
江　苏	99437	89287	3396	2630	413	103	3607
浙　江	150403	131636	9796	3118	157	122	5573
安　徽	46193	38763	5520	903	63	7	938
福　建	33595	25393	6198	959	493	8	544
江　西	26086	22329	2769	368	71	5	544
山　东	58695	56024	1783	348	33	5	501
河　南	48890	45600	2242	433	128	7	480
湖　北	34697	26331	4438	2203	480	8	1237
湖　南	44174	39078	2578	889	78	63	1487
广　东	154069	136560	10009	1754	1546	22	4178
广　西	34057	27169	5306	359	85		1138
海　南	12646	12071	329	64	9	8	166
重　庆	51117	41300	3362	2090	3145	17	1202
四　川	102366	94848	5862	596	84	7	969
贵　州	33009	28838	3614	212	16		329
云　南	46879	43072	2430	523	199		655
西　藏	4696	4518	116				62
陕　西	49504	45548	2809	392	61	1	693
甘　肃	26799	26242		21	1		536
青　海	9779	8576	963	82	18		140
宁　夏	12278	11545	367	167	100		100
新　疆	32070	29557	2194	21			298

4-3-4 续表 3

地 区	支出合计（万元）	#基本支出	#项目支出	#经营支出	资产总计（万元）	#固定资产原值
全 国	**1467803**	**930699**	**362069**	**10999**	**3225650**	**2784131**
北 京	27501	13113	12128	216	36411	28462
天 津	14617	12193	2113	83	21471	16397
河 北	32522	26525	2859	415	87926	78397
山 西	33970	22315	7592	80	83328	74364
内蒙古	34549	31358	2198	46	53346	48633
辽 宁	37465	27232	6922	34	53891	47460
吉 林	36163	29372	5328	43	38986	35324
黑龙江	23534	19931	2517	50	54094	51384
上 海	100647	58870	36129	1318	198933	143624
江 苏	98533	70002	21713	405	301033	260121
浙 江	149577	73871	59177	749	420955	363013
安 徽	46197	30410	8305	626	98968	82308
福 建	55413	18442	8770	486	78560	63851
江 西	26077	19016	3681	296	79447	72424
山 东	66096	40612	12048	317	162564	141346
河 南	47003	37944	5507	115	102951	91811
湖 北	36247	22410	10868	435	80913	68176
湖 南	43986	33489	8676	141	100826	91662
广 东	150638	69512	62160	1543	317938	263566
广 西	31984	23771	6233	165	58503	54756
海 南	8335	4161	3478	18	15461	13292
重 庆	53870	30853	10996	1571	95941	77192
四 川	97885	51562	36137	113	238677	227038
贵 州	33659	25353	3720	243	57502	47582
云 南	45554	32154	8384	338	101032	87509
西 藏	7584	2025	475	666	29406	25443
陕 西	47509	38949	5793	130	70440	61207
甘 肃	27220	22708	2371	100	73539	67589
青 海	9153	7427	567	36	17192	16434
宁 夏	11459	8642	1954	162	17598	15703
新 疆	32857	26478	3269	60	77817	68063

4-3-4　续表 4

地　区	实际使用房屋建筑面积（万平方米）	#业务用房面积	#对公众开放阅览室面积	实际拥有产权面积（万平方米）	流动舞台车演出情况		
					流动舞台车数量（辆）	利用流动舞台车演出场次（场次）	利用流动舞台车演出观众人次（万人次）
全　国	**3171.7**	**2294.5**	**85.9**	**1394.3**	**403**	**14534**	**1148.4**
北　京	39.7	22.7	0.2	3.5	11	349	18.8
天　津	25.0	17.1	0.2	5.7	2	65	2.0
河　北	100.5	77.3	3.6	58.5	25	1021	71.2
山　西	86.5	66.3	5.7	70.5	9	119.00	20.8
内蒙古	61.7	44.0	2.4	21.0	6	41	3.0
辽　宁	99.1	69.0	2.3	30.6	10	359	69.8
吉　林	39.9	29.3	3.7	29.0	16	324	18.3
黑龙江	74.6	53.5	2.0	23.2	15	277	26.4
上　海	127.7	92.6	0.5	47.5	9	302	30.8
江　苏	290.4	211.3	5.0	110.1	20	772	61.1
浙　江	295.5	232.4	2.7	127.1	35	2488	175.2
安　徽	90.6	71.9	4.1	58.8	16	377	39.8
福　建	85.2	63.4	2.7	30.2	5	25	0.9
江　西	77.8	53.6	4.2	31.4	6	164	1.5
山　东	229.4	144.3	4.9	45.8	10	1265	61.8
河　南	122.7	90.5	3.5	73.9	11	810	76.3
湖　北	106.8	73.7	3.3	58.1	13	1102	68.4
湖　南	117.6	89.3	3.7	71.8	25	1155	75.4
广　东	346.1	246.2	6.8	97.3	15	407	45.0
广　西	66.3	48.3	2.3	30.5	26	624	59.0
海　南	10.8	8.0	0.3	4.1	4	32	5.8
重　庆	69.8	47.4	2.8	43.2	8	150	21.1
四　川	190.1	144.0	3.4	100.4	40	911	100.4
贵　州	60.3	41.0	2.7	29.9	5	149	14.6
云　南	92.1	66.2	2.6	56.5	20	346	22.9
西　藏	16.1	10.7	1.1	4.3	3	16	1.4
陕　西	76.6	56.9	4.6	43.4	12	317	9.2
甘　肃	62.4	45.7	2.4	34.5	10	227	26.1
青　海	13.1	10.7	0.2	6.3	2	15	0.5
宁　夏	18.5	12.6	0.3	10.9	11	279	19.5
新　疆	78.7	54.7	1.8	36.4	3	46	1.6

4-3-5 公共图书馆基本情况

年 份	机构数（个）	从业人员（人）	总藏量（万册件）	总流通人次（万人次）	#外借人次	书刊、文献外借册次（万册次）
2005	2762	50423	48056	23332	10821	20269
2006	2778	51311	50024	25218	11408	21039
2007	2799	54650	52053	26103	11454	21319
2008	2820	52021	55064	28141	12251	23129
2009	2850	52688	58521	32167	13277	25857
2010	2884	53564	61726	32823	13934	26392
2011	2952	54475	69719	38151	15316	28452
2012	3076	54997	78852	43437	17402	33191

4-3-5 续表

年 份	书架单层总长度（万米）	发放借书证数（万个）	收入合计（万元）	#财政拨款	支出合计（万元）	实际使用公用房屋建筑面积（万平方米）
2005	1320	1062	325880	277848	312571	677
2006	1413	1160	366089	319479	344076	719
2007	1318	1273	450512	395441	431326	741
2008	1112	1454	531926	477616	519841	780
2009	1216	1749	613175	550808	606630	850
2010	1200	2020	646085	583685	643629	900
2011	1218	2214	813232	756357	776839	995
2012	1216	2485	1002068	934890	977556	1058

4-3-6　各地区公共图书馆基本情况(2012年)

地　区	机构数 (个)	从业人员 (人)	#专业技术人员	总藏量 (万册)	#图书	书架单层总长度 (米)
全　国	**3076**	**54997**	**37939**	**78851.8**	**51330.8**	**12158368**
中央本级	1	1426	1204	3473.3	1049.9	
北　京	24	1258	1030	2083.2	1693.7	525622
天　津	31	1272	872	1469.2	1228.6	173076
河　北	172	1852	1227	1934.5	1477.0	370069
山　西	126	1550	1002	1461.9	1026.8	161812
内蒙古	114	1937	1518	1209.8	950.7	306630
辽　宁	129	2971	2142	3470.6	2584.2	421589
吉　林	66	1652	1363	1709.6	1230.1	196185
黑龙江	106	1796	1344	1823.1	1414.7	237612
上　海	25	2089	1485	7202.4	2815.9	450930
江　苏	112	2901	2130	6489.7	4510.8	2209388
浙　江	97	3096	1915	5344.3	3778.5	475468
安　徽	102	1312	918	2264.4	1137.6	190171
福　建	87	1263	889	2894.0	1557.8	333392
江　西	114	1454	810	1822.4	1225.1	185623
山　东	150	2647	2274	4237.3	3125.9	538842
河　南	156	2867	1239	2257.2	1696.2	298810
湖　北	111	2219	1678	2521.2	2008.2	356122
湖　南	136	2080	1384	2524.8	1661.9	380005
广　东	137	4237	2562	6567.2	4679.9	1031755
广　西	112	1467	1067	2126.7	1437.2	364066
海　南	20	317	241	897.9	307.0	66788
重　庆	43	848	569	1521.9	893.5	287441
四　川	188	2051	1272	3362.8	2170.9	1247577
贵　州	93	976	701	1387.4	752.5	133985
云　南	152	1783	1538	1879.3	1300.1	457493
西　藏	77	91	31	68.6	55.6	23514
陕　西	112	2163	1219	1399.7	1051.4	201955
甘　肃	103	1413	720	1212.5	897.4	214778
青　海	49	394	305	379.5	310.3	84397
宁　夏	26	545	449	532.5	445.3	105724
新　疆	105	1070	841	1322.8	856.2	127549

4-3-6 续表 1

地 区	本年新购藏量(万册)	有效借书证数(个)	总流通人次(万人次)	#书刊文献外借人次	书刊文献外借册次(万册次)
全 国	**5825.5**	**24845072**	**43437.2**	**17402.0**	**33191.5**
中央本级	127.3	1530228	378.4		
北 京	161.0	720301	864.8	317.1	819.2
天 津	109.3	498022	629.9	228.0	562.4
河 北	138.2	614488	1023.4	423.2	693.0
山 西	96.5	244462	475.2	243.9	392.1
内蒙古	91.5	182322	417.1	219.5	446.2
辽 宁	296.6	918208	1939.3	732.8	1615.8
吉 林	140.0	253700	691.4	256.4	476.1
黑龙江	66.7	773133	835.7	369.4	636.7
上 海	312.3	1313133	2061.7	580.0	1972.6
江 苏	874.4	2909009	4526.7	2039.8	3430.0
浙 江	628.3	2407446	4572.1	1677.1	3900.2
安 徽	408.0	529348	1264.2	719.4	1186.1
福 建	375.3	644104	1526.2	655.3	1519.2
江 西	60.2	530852	1057.0	563.9	831.5
山 东	159.1	1381603	2035.2	1222.6	1989.7
河 南	93.5	765966	1637.7	910.5	1377.8
湖 北	111.2	1384404	1516.3	847.6	1386.5
湖 南	144.5	731996	1490.2	702.4	1304.2
广 东	513.0	3417295	6418.3	1458.7	3069.5
广 西	91.3	394761	1366.4	422.7	805.8
海 南	30.6	98702	269.7	71.5	126.3
重 庆	186.1	321465	1078.3	412.8	868.4
四 川	228.7	523512	1627.5	694.3	1193.8
贵 州	35.9	331956	420.1	216.7	278.6
云 南	110.7	375725	1069.6	474.0	759.8
西 藏	4.9	8217	3.8	0.9	2.8
陕 西	130.2	266318	726.9	299.2	497.1
甘 肃	34.9	257958	558.3	259.7	446.9
青 海	7.6	134560	101.5	55.3	44.7
宁 夏	14.0	88777	210.0	93.8	162.6
新 疆	44.0	293101	644.5	233.5	395.9

4-3-6　续表2

地　区	收入合计（万元）	#财政拨款	#上级补助收入	#事业收入	#经营收入
全　国	**1002068**	**934890**	**18491**	**21626**	**2832**
中央本级	77218	68766		6708	834
北　京	45927	43528	119	672	145
天　津	25894	25123	120	409	34
河　北	19332	18771	109	112	42
山　西	21975	21448	161	13	314
内蒙古	48155	47688	245	51	
辽　宁	40186	39276	197	226	
吉　林	20125	19800	105	5	42
黑龙江	17090	16870	183	12	
上　海	74425	66891	583	6333	
江　苏	63206	55797	1123	2089	54
浙　江	76570	69686	1588	1103	76
安　徽	19625	17942	959	355	3
福　建	25874	21355	1258	155	187
江　西	17565	16182	732	268	99
山　东	33224	32611	419	109	
河　南	23841	22181	1073	58	155
湖　北	33759	31304	1033	287	33
湖　南	21454	19894	327	208	431
广　东	92216	87426	2717	632	
广　西	25084	22675	1190	123	33
海　南	10270	9633	251	274	
重　庆	21440	20379	432	570	
四　川	39584	38337	801	114	3
贵　州	12112	10903	874	89	
云　南	21076	20102	434	42	305
西　藏	1366	1366			
陕　西	21288	19896	726	296	44
甘　肃	17456	17173			
青　海	5289	5072	153		
宁　夏	9492	9264	17	11	
新　疆	19953	17552	562	304	

4-3-6 续表 3

地 区	支出合计(万元)	#基本支出	#项目支出	#经营支出	资产总计(万元)	#固定资产原值
全 国	**977556**	**519230**	**413730**	**3114**	**2827374**	**2439978**
中央本级	83408	25792	57379	237	306693	282156
北 京	45592	20509	24346	600	142287	121314
天 津	25863	18206	6903	29	55491	37650
河 北	18744	13417	4005	59	54564	49858
山 西	20849	11416	8337	325	53455	47497
内蒙古	50213	18882	26922	32	47611	43051
辽 宁	37498	24860	10285		105229	91671
吉 林	19559	13697	5373	42	43478	31124
黑龙江	16986	11885	4015	20	58605	56342
上 海	76427	31974	43668		317712	286055
江 苏	61874	41290	19108	78	193281	161913
浙 江	73446	36573	32661	108	187796	167655
安 徽	20465	10825	5579	51	57382	48147
福 建	26184	11514	11421	75	92315	79956
江 西	15909	10820	3246	78	46417	38896
山 东	31732	20457	9620		115073	104865
河 南	21725	15754	4494	162	56755	47967
湖 北	34313	12814	20014	7	84187	74149
湖 南	21159	14989	5170	520	50456	42355
广 东	91435	46090	44773	33	261275	232424
广 西	18759	11730	6393	34	46172	41622
海 南	9918	3333	5877	64	14437	10666
重 庆	21121	8703	11882	35	42605	32016
四 川	36464	17482	17568	10	96463	68369
贵 州	11838	7149	3177	31	45849	21447
云 南	21077	12969	6273	307	67066	61190
西 藏	1228	797	431		6904	5343
陕 西	19462	14686	4131	147	60517	54379
甘 肃	15418	11314	4063		49942	41784
青 海	5168	3964	834	1	9865	9235
宁 夏	8011	5681	1635		23145	20917
新 疆	15712	9661	4148	28	34349	27966

4-3-6　续表 4

地　区	实际使用公用房屋建筑面积（万平方米）	#书库面积	#阅览室面积	实际拥有产权面积（万平方米）	阅览室坐席数（个）	图书馆延伸服务情况	
						流动服务书刊借阅人次（万人次）	流动服务书刊借阅册次（万册次）
全　国	**1058.4**	**230.1**	**281.9**	**575.9**	**734571**	**2391.4**	**4058.4**
中央本级	25.4	4.9	6.6	25.4	4392		
北　京	22.2	3.5	5.7	4.9	13525	24.2	78.4
天　津	25.7	5.1	8.0	2.5	12446	42.3	67.0
河　北	34.0	7.8	8.7	24.4	27259	35.0	34.5
山　西	29.5	6.7	8.6	28.6	19681	42.2	44.2
内蒙古	26.1	4.7	7.5	11.0	19222	45.6	66.8
辽　宁	47.6	8.6	11.5	25.0	31977	95.5	242.9
吉　林	18.7	3.9	5.3	13.0	15863	66.3	80.3
黑龙江	27.0	5.1	7.3	11.4	21103	92.2	140.8
上　海	38.7	8.2	9.5	22.7	21594	129.1	410.5
江　苏	82.6	13.8	17.2	38.8	42085	135.4	201.8
浙　江	68.9	13.5	16.1	33.8	40263	245.9	584.0
安　徽	28.2	5.8	7.8	18.0	21188	75.5	104.8
福　建	33.6	9.2	9.5	15.2	26574	139.4	195.8
江　西	31.7	7.6	10.5	15.0	26284	134.5	124.0
山　东	55.7	13.3	14.1	25.7	39582	115.5	156.0
河　南	43.0	11.6	10.4	28.0	31857	40.7	81.1
湖　北	48.1	10.6	12.5	36.0	33993	138.6	186.1
湖　南	35.7	10.2	9.3	25.7	33509	14.3	24.3
广　东	101.3	19.2	28.2	38.2	71434	221.5	421.9
广　西	28.5	7.6	7.6	14.1	26262	48.2	105.2
海　南	8.6	2.2	2.7	5.3	5228	12.5	22.9
重　庆	24.5	6.1	6.5	15.8	16455	118.1	207.4
四　川	44.8	9.9	12.9	22.2	34655	90.6	103.6
贵　州	16.3	5.5	4.9	10.6	14245	51.8	64.8
云　南	33.1	7.8	8.8	20.9	23971	53.9	65.4
西　藏	2.7	0.6	0.4	3.7	696	0.1	0.6
陕　西	24.0	4.7	7.4	11.5	16076	48.8	44.3
甘　肃	18.4	4.1	5.0	11.3	15581	50.4	97.0
青　海	5.4	1.2	1.4	2.6	3855	2.9	4.2
宁　夏	10.4	3.2	3.0	7.5	7153	19.9	35.6
新　疆	18.4	4.0	7.1	7.0	16563	60.2	62.1

4-3-7 艺术表演团体基本情况

年份	机构数 (个)	从业人员 (人)	演出场次 (万场次)	国内演出观众人次 (万人次)
2005	2805	141678	47	38894
2006	2866	144167	49	46115
2007	4512	220653	93	75896
2008	5114	208174	91	63187
2009	6139	184678	120	81716
2010	6864	185413	137	88456
2011	7055	226599	155	74585
2012	7321	242047	135	82805

4-3-7 续表

年份	收入合计 (万元)	#演出收入	支出合计 (万元)	实际使用房屋建筑面积 (万平方米)
2005	545640	114381	527627	462
2006	620479	134253	602838	408
2007	829045	203757	750817	429
2008	933685	204842	832225	432
2009	1121559	288214	1048083	457
2010	1239255	342696	1203561	466
2011	1540263	526745	1486696	526
2012	2310460	641480	2081911	617

4-3-8　各地区艺术表演团体基本情况(2012年)

地　区	机构数 (个)	从业人员 (人)	#专业技术人员	本团原创首演剧目 (个)	演出场次 (万场次)	#国内演出	国内演出观众人次 (万人次)
全　国	**7321**	**242047**	**122320**	**4035**	**135.0**	**125.0**	**82805.1**
中央本级	17	3367	2639	30	0.3	0.3	363.4
北　京	324	7489	4346	144	2.3	2.1	1008.1
天　津	48	2328	1805	27	0.5	0.5	231.5
河　北	448	14515	6810	184	7.0	5.7	5733.5
山　西	301	13711	5882	177	5.1	4.8	5258.8
内蒙古	137	6330	4602	76	2.2	2.0	2040.0
辽　宁	155	5414	3224	89	1.5	1.2	792.0
吉　林	41	2803	2027	33	0.7	0.5	591.3
黑龙江	85	5010	3530	12	0.9	0.8	721.6
上　海	147	9910	6024	184	4.0	3.6	1514.5
江　苏	434	10565	6797	178	10.3	10.1	3768.9
浙　江	609	19053	7570	327	13.6	13.2	8624.4
安　徽	1015	17438	4741	340	25.1	23.7	6932.0
福　建	341	12281	5184	185	10.5	10.4	3211.1
江　西	187	5815	3509	206	3.0	2.8	2657.6
山　东	303	8417	6210	137	3.8	3.6	2451.5
河　南	364	15378	6102	148	9.8	8.4	7750.8
湖　北	226	9216	5428	151	3.6	3.4	3014.4
湖　南	157	5929	3665	104	3.0	2.7	1583.8
广　东	337	13712	4845	134	5.0	3.9	9082.2
广　西	68	2744	1707	38	1.2	1.1	757.9
海　南	61	2342	912	41	0.8	0.6	413.0
重　庆	244	4725	1666	59	2.5	2.4	1176.0
四　川	469	12360	4965	418	6.7	6.2	3963.1
贵　州	79	2369	1303	116	1.2	1.0	664.3
云　南	220	6607	3466	222	2.7	2.5	2227.0
西　藏	92	2659	1297	55	0.9	0.8	224.3
陕　西	116	7161	4175	89	2.3	2.3	2418.3
甘　肃	103	4788	2732	36	2.0	1.9	1908.9
青　海	40	1446	657	19	0.5	0.5	414.2
宁　夏	16	663	491	16	0.3	0.3	313.1
新　疆	137	5502	4009	60	1.9	1.8	993.4

4-3-8 续表 1

地　区	收入情况(万元)		人员支出(万元)	资产总计(万元)		实际使用房屋建筑面积(万平方米)	
	财政拨款	演出收入			#固定资产原值		#排练练功用房
全　国	**1140718**	**641480**	**916017**	**4590136**	**1841141**	**617.2**	**178.6**
中央本级	35383	22594	37304	328217	157557	20.3	3.4
北　京	67356	32963	41641	168944	70551	18.0	4.6
天　津	49326	2467	20237	41192	8399	6.2	1.9
河　北	25421	25993	32195	95147	64701	28.2	7.7
山　西	29697	22930	30322	156950	129923	29.4	6.9
内蒙古	54995	4886	37924	38695	28537	19.1	5.5
辽　宁	28420	7517	23977	128947	63124	17.3	5.8
吉　林	17491	5615	11882	31908	21208	8.8	2.5
黑龙江	36063	2051	29248	31204	26181	17.7	4.0
上　海	62806	42065	44050	149168	83235	15.2	4.4
江　苏	47446	55346	54080	110994	51560	27.9	7.2
浙　江	77005	84219	72536	158059	97198	53.7	29.2
安　徽	54529	39745	28855	148191	116176	19.7	7.3
福　建	40489	34355	44004	79857	40012	15.6	3.9
江　西	28539	5979	18874	269044	60582	14.1	3.6
山　东	53016	13871	36492	66517	46795	27.9	7.9
河　南	42737	22176	33269	56612	37405	25.8	8.4
湖　北	37558	16564	35132	106157	74681	38.3	8.1
湖　南	30727	18827	16628	46476	38468	18.8	4.5
广　东	38084	27859	49741	479339	185678	33.7	9.5
广　西	12709	4631	8789	28131	12563	7.0	1.9
海　南	8141	10863	6715	22074	17304	6.4	1.4
重　庆	16470	22359	15689	62384	32559	17.3	5.9
四　川	71805	50710	48858	1386245	140845	34.3	8.6
贵　州	21512	5831	9646	55484	34330	6.9	1.3
云　南	31656	31958	29019	108699	42160	18.9	3.4
西　藏	11785	1864	10601	33592	25252	9.5	2.7
陕　西	25780	13006	24095	72218	49757	22.2	3.4
甘　肃	26860	5954	20133	42216	26433	13.1	3.0
青　海	5225	657	4405	15996	13685	2.6	0.6
宁　夏	9347	469	6236	8688	4464	2.8	1.0
新　疆	42341	5160	33438	62791	39820	20.7	9.3

4-3-8　续表 2

地　区	实际拥有产权面积（万平方米）	流动舞台车演出情况			政府采购的公益演出活动情况		
		流动舞台车数量（辆）	演出场次（万场次）	观众人次（万人次）	演出场次（万场次）	观众人次（万人次）	补贴收入（万元）
全　国	**348.1**	**2643**	**15.48**	**11387.0**	**10.3**	**10358.5**	**208672**
中央本级	22.5				0.0	44.9	3188
北　京	9.7	19	0.08	40.1	0.3	157.9	8366
天　津	2.2	10	0.03	51.0	0.0	9.8	400
河　北	19.6	142	0.92	637.9	0.3	372.9	3524
山　西	13.9	92	0.37	331.1	0.5	490.3	3375
内蒙古	9.5	102	0.48	568.3	0.3	236.9	5333
辽　宁	9.3	35	0.07	42.7	0.1	26.4	1089
吉　林	5.6	38	0.28	279.0	0.2	217.2	538
黑龙江	4.7	49	0.15	122.0	0.1	95.7	135
上　海	8.1	26	0.03	26.4	0.2	123.8	664
江　苏	13.2	119	0.81	526.7	0.6	455.7	6627
浙　江	16.4	98	0.86	628.9	0.9	979.7	31116
安　徽	13.7	436	1.75	665.5	0.4	372.3	41697
福　建	5.6	35	0.09	51.8	0.2	125.0	5566
江　西	6.3	84	0.69	437.4	0.9	577.1	10335
山　东	18.2	181	1.09	986.4	0.4	442.3	8687
河　南	12.4	321	3.74	2939.5	1.1	1693.1	6209
湖　北	17.4	126	0.92	840.6	0.4	526.2	1838
湖　南	12.8	196	1.22	718.2	0.8	557.3	12236
广　东	18.1	28	0.13	234.7	0.1	269.7	2166
广　西	3.7	10	0.07	72.8	0.1	80.1	184
海　南	2.0	19	0.13	23.5	0.0	35.1	635
重　庆	6.1	25	0.09	71.1	0.1	211.2	3572
四　川	49.0	134	0.29	130.5	0.4	414.2	29260
贵　州	2.3	20	0.02	22.0	0.1	194.8	12577
云　南	8.2	76	0.18	274.4	0.3	484.9	3574
西　藏	6.8	26	0.20	3.4	0.0	17.9	12
陕　西	14.0	59	0.26	273.8	0.3	324.8	1143
甘　肃	5.3	40	0.11	84.2	0.3	251.2	1133
青　海	1.2	15	0.03	22.4	0.1	33.5	60
宁　夏	2.2	13	0.16	161.6	0.2	202.3	401
新　疆	8.0	69	0.29	119.2	0.5	334.4	3035

4-3-9 艺术表演场馆基本情况

年份	机构数（个）	从业人员（人）	坐席数（个）	演(映)出场次（万场次）	#艺术演出
2005	1866	35678	1410814	60	9
2006	1839	34890	1413647	59	9
2007	2070	39770	1544156	73	14
2008	1944	42049	1380306	74	10
2009	2137	46436	1573344	61	15
2010	2112	42387	1617320	81	15
2011	1956	42407	1532842	104	14
2012	2364	52231	1915677	119	17

4-3-9 续表

年份	观众人次（万人次）	#艺术演出	收入合计（万元）	#艺术演出	支出合计（万元）
2005			131678	50226	115977
2006			163431	67066	146892
2007	11116	5064	266713	113513	146474
2008	12744	4429	262925	99820	176750
2009	12319	5369	373557	128735	301829
2010	13272	5471	406062	137972	379340
2011	10909	4757	717136	187188	623997
2012	18604	6119	797506	281881	725326

4-3-10　各地区艺术表演场馆基本情况(2012年)

地　区	机构数（个）	从业人员（人）	#专业技术人员	坐席数（个）	演(映)出场次合计（万场次）	#艺术演出
全　国	**2364**	**52231**	**11686**	**1915677**	**118.7**	**17.3**
中央本级	7	199	31	6661	0.1	0.1
北　京	96	3383	677	49856	5.4	1.7
天　津	35	512	52	26255	1.6	0.3
河　北	138	2056	458	78960	3.2	0.7
山　西	129	2423	571	93409	8.2	0.4
内蒙古	20	350	101	15717	0.3	0.1
辽　宁	111	1631	220	79080	1.7	0.9
吉　林	37	715	199	20153	1.8	0.3
黑龙江	43	316	76	22466	0.4	0.3
上　海	117	3007	482	130190	8.5	1.3
江　苏	217	7793	1253	317501	36.4	1.1
浙　江	271	4305	856	195574	7.5	1.5
安　徽	72	1295	377	49818	9.8	0.6
福　建	53	1018	154	31767	4.0	0.1
江　西	73	1132	453	43041	1.5	0.3
山　东	103	2343	674	125021	1.8	0.2
河　南	145	3696	439	112466	2.0	0.3
湖　北	66	1750	450	70346	3.4	2.6
湖　南	83	1558	533	59478	2.7	0.5
广　东	93	4453	916	122597	3.8	0.8
广　西	20	212	72	18380	2.4	0.3
海　南	13	838	244	12200	0.4	0.1
重　庆	31	623	171	26564	0.3	0.1
四　川	130	1912	674	56288	3.2	1.8
贵　州	10	159	73	8326	0.1	
云　南	60	1952	706	27265	1.5	0.6
西　藏	22	174	52	9673	0.1	
陕　西	98	1470	478	56632	1.0	0.3
甘　肃	25	364	22	20303	0.6	
青　海	23	123	4	10584	0.7	
宁　夏	7	130	79	3521		
新　疆	16	339	139	15585	4.3	0.1

4-3-10 续表 1

地 区	观众人次合计(万人次)	#艺术演出观众人次	收入情况(万元) 财政拨款	艺术演出收入	人员支出(万元)
全 国	**18604.4**	**6118.7**	**133141**	**281881**	**183844**
中央本级	39.4	37.3	11	563	950
北 京	1067.0	840.3	21985	72438	17372
天 津	148.3	88.8	275	2051	1812
河 北	473.9	226.5	1904	3426	4498
山 西	570.1	185.8	3399	2154	4429
内蒙古	89.0	23.5	6528	32	1783
辽 宁	502.9	319.2	2435	2552	6406
吉 林	142.4	78.3	1857	1193	2597
黑龙江	77.3	34.6	471	134	659
上 海	1083.5	706.0	10475	38407	15932
江 苏	1999.1	425.5	15911	13597	22995
浙 江	1351.0	609.7	10589	14607	17497
安 徽	4294.5	232.2	2666	2521	3448
福 建	231.6	91.4	2324	6654	3858
江 西	1095.1	134.7	1132	1459	2650
山 东	381.1	183.3	9999	4264	4962
河 南	611.0	134.3	4096	2280	5205
湖 北	335.1	179.4	4381	4511	4422
湖 南	441.6	184.7	3786	4436	3852
广 东	1182.3	406.0	11051	45204	27476
广 西	159.2	66.2	85	975	750
海 南	69.3	28.9	10	3153	1432
重 庆	81.6	39.2	1338	3045	2534
四 川	1063.1	271.7	2441	27707	8315
贵 州	29.5	27.4	230	877	795
云 南	492.2	317.7	553	18688	7552
西 藏	31.6	12.0	1436		870
陕 西	273.0	158.9	2989	4095	4209
甘 肃	86.4	35.2	4145	326	1232
青 海	42.5	3.7	392	10	538
宁 夏	14.5	3.8	567	485	350
新 疆	145.6	32.7	3683	38	2466

4-3-10　续表 2

地　区	年末固定资产原值(万元)	实际使用房屋建筑面积(万平方米)	#排练练功用房	实际拥有产权面积(万平方米)
全　国	**1896953**	**1029.1**	**525.5**	**615.1**
中央本级	1156	8.2	5.6	5.7
北　京	64782	53.9	37.9	35.6
天　津	8682	10.4	5.9	1.7
河　北	33098	34.9	20.1	18.2
山　西	52510	36.1	19.9	20.2
内蒙古	11203	13.5	4.3	8.2
辽　宁	70392	31.2	18.2	11.6
吉　林	18327	12.1	6.1	10.7
黑龙江	7194	7.8	5.3	2.7
上　海	275984	83.1	32.3	58.7
江　苏	274618	150.2	77.1	80.3
浙　江	145764	96.6	39.8	57.2
安　徽	104000	22.4	12.4	15.6
福　建	26194	23.0	10.3	8.2
江　西	33238	30.4	18.8	19.7
山　东	37156	73.8	34.4	60.1
河　南	50858	38.0	17.9	21.6
湖　北	47620	36.4	19.9	18.9
湖　南	57644	26.1	13.6	15.8
广　东	145786	103.7	35.4	66.3
广　西	14393	9.0	4.9	2.6
海　南	19677	19.4	17.3	10.6
重　庆	125181	17.0	13.6	14.2
四　川	103182	30.2	20.2	17.9
贵　州	4805	5.2	1.1	0.3
云　南	25408	9.5	6.5	8.1
西　藏	2509	4.0	2.2	2.9
陕　西	100108	24.3	13.2	15.5
甘　肃	12213	5.9	4.3	1.2
青　海	4060	3.3	2.0	0.9
宁　夏	2042	1.3	1.0	0.9
新　疆	17170	8.2	4.0	2.9

4-3-11　文物保护管理机构基本情况

年份	机构数（个）	从业人员（人）	藏品数（件/套）	基本陈列、展览（个）	参观人次（万人次）
2005	2186	34052	2416460	2034	5837
2006	2204	29257	2342103	1987	6411
2007	2229	31175	2255038	2992	19161
2008	2223	29661	2187639	2106	6956
2009	2263	28629	1958904	2449	9205
2010	2436	30171	2149366	3419	11198
2011	2735	33035	2251805	2243	9442
2012	2705	34854	1767573	2128	10433

4-3-11 续表

年　份	实际使用房屋建筑面积（万平方米）	收入合计（万元）	#财政拨款	支出合计（万元）
2005	544	214336	49539	187185
2006	457	225287	54485	202865
2007	466	269410	76441	235417
2008	231	311916	110983	276187
2009	263	308949	147401	290560
2010	458	365904	187973	330748
2011	913	463609	240214	419425
2012	769	535779	311260	459988

4-3-12　文物科研机构基本情况

年份	机构数（个）	从业人员（人）	藏品数（件/套）	承担文物保护项目（个）	本年完成科研项目（个）	公用房屋建筑面积（万平方米）	收入合计（万元）	#财政拨款	支出合计（万元）
2009	104	3799	929189	197	112	30	88210	27872	86062
2010	108	3846	870223	382	180	28	120767	40768	110215
2011	107	4078	822390	420	93	62	139450	71760	135304
2012	114	4917	1208701	600	173	101	182418	118631	158831

4-3-13　各地区文物保护管理机构基本情况(2012年)

地　区	机构数 (个)	从业人员 (人)	#专业技术人员	藏品数 (件/套)	基本陈列 (个)	举办展览 (个)	参观人次 (万人次)
全　国	**2705**	**34854**	**8937**	**1767573**	**1017**	**1111**	**10433.4**
北　京	26	3016	275	30116	30	28	1362.2
天　津	8	102	57	3702	3	1	41.4
河　北	164	4146	854	99056	28	29	707.0
山　西	109	1680	436	85825	2	4	551.1
内蒙古	87	596	396	43074	47	71	81.1
辽　宁	57	1110	327	33758	25	34	187.5
吉　林	48	373	270	34827	11	9	2.7
黑龙江	93	380	286	23089	54	82	108.8
上　海	5	73	32	1087	1	2	9.4
江　苏	58	397	145	29676	36	32	222.8
浙　江	92	1408	530	61540	64	76	1223.1
安　徽	92	457	277	48740	12	23	96.8
福　建	52	154	66	3958	10	18	31.8
江　西	70	457	168	43169	69	46	200.3
山　东	95	3644	1190	202143	20	25	1538.9
河　南	124	2497	571	226305	22	22	786.0
湖　北	42	647	236	22792	21	21	162.5
湖　南	86	692	134	66683	40	60	292.8
广　东	26	280	46	1581	13	31	263.8
广　西	60	271	146	23756	18	33	65.9
海　南	17	231	49	2644	11	8	178.0
重　庆	39	168	100	80930	12	29	20.0
四　川	170	1002	451	219454	69	148	377.3
贵　州	81	437	201	40671	55	94	177.3
云　南	120	625	514	61545	48	92	154.0
西　藏	475	5455	67	160262	186	7	105.3
陕　西	207	2777	670	84911	56	33	1023.7
甘　肃	54	665	160	1865	21	17	183.2
青　海	29	95	63	7469	8	8	2.1
宁　夏	22	334	119	20298	8	9	100.6
新　疆	97	685	101	2647	17	19	176.2

4-3-13 续表 1

地 区	门票销售总额(万元)	收入合计(万元)	#财政拨款	#上级补助收入	#事业收入	#经营收入
全 国	**355152**	**535779**	**311260**	**28477**	**142218**	**37893**
北 京	45291	74308	24071	1515	19879	27973
天 津	394	1580	1204		374	
河 北	31711	45810	20260		24436	533
山 西	9600	17919	9469	946	4457	2571
内蒙古	94	13613	13494	3	35	
辽 宁	2789	17099	15054	685	590	689
吉 林		4034	3507	319	31	
黑龙江		6114	5956	54		
上 海		1459	1412	44		
江 苏	1192	12683	10241	722	1204	82
浙 江	23021	62507	29238	2696	29107	97
安 徽	270	9829	7639	1447	64	270
福 建	38	5228	3841	968	2	38
江 西	1815	4733	3284	767	525	1
山 东	88268	42531	24295	1380	15225	1446
河 南	29476	25626	17424	462	6530	858
湖 北	1431	13630	10991	914	721	772
湖 南	1156	10278	7227	1745	493	401
广 东	2813	5640	2804	191	2365	20
广 西		5330	4301	964	21	
海 南	156	5581	3812	20	691	180
重 庆		3875	3381	92	75	274
四 川	263	15851	13359	1670	538	
贵 州	762	4898	3670	437	762	
云 南	43	9133	8204	429	109	8
西 藏	91117	22407	2882	126	17048	801
陕 西	9960	35046	18379	2850	9561	659
甘 肃	5901	26864	20759		5953	109
青 海		1696	1477	207		
宁 夏	3444	6236	4560	53	1399	111
新 疆	4150	24242	15068	6774	26	

4-3-13　续表 2

地 区	支出合计（万元）	#基本支出	#项目支出	#经营支出	资产总计（万元）	#固定资产原值	实际使用房屋建筑面积（万平方米）	#展览用房	实际拥有产权面积（万平方米）
全 国	**459988**	**251120**	**150285**	**35002**	**854227**	**398849**	**769.4**	**85.4**	**183.5**
北 京	66812	37235	11878	15489	99452	20716	11.0	1.6	4.4
天 津	1574	1211	362		1549	393	1.4	1.2	
河 北	33939	26099	6971	513	54495	29144	9.9	3.1	5.0
山 西	16930	9528	4845	1910	16132	14498	11.8	4.1	32.2
内蒙古	14074	6710	5586	13	5928	3491	5.1	2.0	1.5
辽 宁	16589	9816	5880	429	8710	6418	3.8	1.2	1.6
吉 林	3689	2279	971		2599	1618	1.2	0.2	0.3
黑龙江	3058	2099	821	2	3819	3116	3.4	1.5	1.0
上 海	2031	998	1033		5532	3075	0.7	0.4	0.1
江 苏	14374	5057	6460	1720	20617	11691	6.2	2.8	3.8
浙 江	58624	35286	22022	112	128307	92612	19.1	6.8	4.1
安 徽	7167	3581	2970	120	10144	2138	4.7	1.3	0.7
福 建	3759	1440	2232	16	1850	441	2.4	0.6	1.2
江 西	4324	2951	762	31	12723	5331	6.8	4.1	2.4
山 东	39845	20240	7116	12037	150996	46000	27.8	7.2	6.6
河 南	21639	11815	7113	521	118264	26860	24.9	3.0	12.2
湖 北	13488	3468	9639	288	12614	10454	12.5	1.6	1.7
湖 南	12518	4855	4909	78	14628	9512	8.7	3.2	9.7
广 东	5957	3722	1984	232	8237	3205	4.4	2.7	2.2
广 西	3442	1794	1522		7418	2409	3.5	2.4	0.3
海 南	5208	1548	3202	19	12498	10383	1.8	0.7	4.9
重 庆	3983	1316	2378	23	5401	2697	4.9	2.3	1.2
四 川	16031	7438	7885		30314	21681	13.2	4.3	24.9
贵 州	4585	2086	1770		2165	1375	4.8	2.5	2.2
云 南	7505	4292	2899	8	8790	4415	9.2	3.2	5.5
西 藏	8703	5000	1290	1112	12242	1487	533.1	10.2	2.8
陕 西	33518	22268	7916	177	41523	33165	17.2	5.8	40.7
甘 肃	11349	6037	4905	13	27163	18337	4.2	1.1	3.9
青 海	1155	783	345		885	784	1.2	0.9	0.8
宁 夏	6392	2187	3543	141	2079	1911	2.9	1.3	5.1
新 疆	17727	7982	9077	1	27154	9492	7.8	2.1	0.6

4-3-14 各地区文物科研机构基本情况(2012年)

地 区	机构数(个)	从业人员(人)	#专业技术人员	藏品数(件/套)	资产总计(万元)	#固定资产原值	公用房屋建筑面积(万平方米)
全 国	**114**	**4917**	**2518**	**1208701**	**259667.6**	**123318.4**	**100.6**
中央本级	1	144	133		21694.6	21694.6	1.3
北 京	2	119	56	153	14391.9	1041.1	0.3
天 津							
河 北	4	173	127	193945	7020.0	2833.4	1.0
山 西	10	274	157	6742	10084.5	7097.7	5.3
内蒙古	2	59	44	14479	12094.7	2728.7	1.0
辽 宁	4	125	85	4604	6269.4	2835.5	0.5
吉 林	4	73	54	8441	3811.2	2393.7	0.6
黑龙江	2	42	32	4371	2325.4	1295.7	0.2
上 海							
江 苏	5	43	30	5966	885.7	409.8	0.1
浙 江	4	105	62	14923	3779.8	1160.1	0.5
安 徽	1	45	37	3364	7248.4	2836.2	1.3
福 建	1	10	10		188.7	160.5	0.1
江 西	2	55	30	1385	2097.7	550.8	0.5
山 东	8	114	91	24393	6190.9	1190.6	0.6
河 南	14	1161	344	674469	20065.8	11285.9	69.3
湖 北	4	113	97	7425	6832.7	1803.4	1.2
湖 南	3	127	83	54724	2414.4	1550.1	0.5
广 东	5	156	60	6250	8026.3	2413.4	0.8
广 西	5	87	47	1947	6913.0	1196.9	0.9
海 南							
重 庆	1	142	33		2510.4	383.5	1.0
四 川	3	182	99	619	32862.5	8813.5	2.5
贵 州	2	30	24	1537	1982.5	415.7	
云 南	2	36	31	2453	760.3	760.3	0.2
西 藏	1	16	9		76.8	76.8	
陕 西	13	383	240	47715	23622.9	8712.3	1.3
甘 肃	5	865	363	68551	44115.7	31427.3	7.5
青 海	1	43	35	55420	925.5	534.4	0.4
宁 夏	3	60	33	149	3277.2	820.8	0.2
新 疆	2	135	72	4676	7198.7	4895.7	1.4

4-3-14　续表

地　区	收入合计(万元)	#财政拨款	#上级补助收入	#事业收入	支出合计(万元)	#基本支出	#项目支出
全　国	**182417.8**	**118631.0**	**8354.1**	**45253.7**	**158830.9**	**66504.8**	**86066.3**
中央本级	9613.5	4003.4		5565.3	9700.9	6808.5	2892.4
北　京	7602.1	1121.5		5362.8	6091.0	1227.9	4848.1
天　津							
河　北	5219.0	1975.0		2756.9	4592.0	3403.4	1188.6
山　西	9204.6	7615.5	5.0	1577.1	10350.1	3022.0	7074.0
内蒙古	3449.7	3339.0	42.0		2948.9	477.4	2401.5
辽　宁	4390.6	4136.1			4395.7	1365.3	2997.7
吉　林	1866.6	1365.4	161.3	135.2	1627.9	868.9	731.7
黑龙江	430.0	423.6			434.7	396.8	37.8
上　海							
江　苏	1629.0	627.9	4.0	877.6	1369.6	630.3	467.4
浙　江	5289.9	3600.6	36.4	135.0	4981.2	1188.4	3792.8
安　徽	3525.7	667.6		2304.7	2481.1	548.1	1933.0
福　建	154.5	80.9		73.6	147.4	80.9	66.4
江　西	1689.9	1238.6		418.8	1236.2	437.5	648.8
山　东	4679.2	3700.7	16.0	519.3	3015.0	1680.2	1293.8
河　南	15550.2	7427.7	1870.4	5871.9	12857.3	7779.0	5009.9
湖　北	7668.1	5152.4	1185.2	1221.5	5766.0	1745.2	4020.8
湖　南	4415.1	4415.1			4458.1	1112.0	3346.1
广　东	6461.4	4495.2	335.2	1567.9	6732.9	1962.4	4770.5
广　西	2614.9	270.1	15.5	1100.4	1540.3	481.0	183.2
海　南							
重　庆	2897.0	1894.4		993.2	3449.9	531.0	2918.9
四　川	21182.7	17784.4		3085.3	16162.7	1373.1	14789.6
贵　州	1595.3	381.0		753.4	1479.2	406.7	1072.5
云　南	5889.2	452.1		5437.1	5726.4	5601.5	124.9
西　藏	572.3	159.7		412.6	167.8	159.8	8.0
陕　西	16861.3	15458.8	410.9	129.0	16049.8	9616.2	6421.7
甘　肃	28566.2	23095.1	10.0	3993.8	23652.9	11222.8	11679.7
青　海	1290.2	670.3		616.1	1098.1	459.5	638.6
宁　夏	2588.3	2177.7			1291.1	779.6	431.6
新　疆	5521.3	901.2	4262.2	345.2	5026.7	1139.4	276.3

4-3-15　文化类社会组织情况

单位：个

年　份 地　区	机构数	社团	基金会	民办非企业
2007	22383	16690	115	5578
2008	25154	18555	94	6505
2009	26988	19687	113	7188
2010	29180	20926	140	8114
2011	31483	22472	184	8827
2012	35808	25036	182	10590
中央本级	196	176	17	3
北　京	480	260	38	182
天　津	256	161	8	87
河　北	966	741		225
山　西	1030	762	6	262
内蒙古	621	475	3	143
辽　宁	1027	722	6	299
吉　林	645	549	1	95
黑龙江	901	734	2	165
上　海	562	280	13	269
江　苏	3047	2079	6	962
浙　江	2323	1494	11	818
安　徽	1306	1047	5	254
福　建	1638	1352	3	283
江　西	972	705	2	265
山　东	3289	1773	5	1511
河　南	1887	1251	6	630
湖　北	1754	973	5	776
湖　南	1315	905	14	396
广　东	2823	1874	1	948
广　西	590	456		134
海　南	406	304	3	99
重　庆	612	513	2	97
四　川	1943	1555	4	384
贵　州	562	487		75
云　南	1151	1034	3	114
西　藏	72	68	3	1
陕　西	1574	1091	10	473
甘　肃	854	580	2	272
青　海	252	158		94
宁　夏	229	139	3	87
新　疆	525	338		187

注：本表数据来自民政部的社会组织统计。

4-3-16　烈士陵园、纪念馆基本情况

年　份 地　区	机构数 (个)	从业人员 (人)	固定资产总计 (亿元)	收入合计 (亿元)	支出合计 (亿元)
2005	989	8871	25.5	5.9	5.5
2006	1072	9009	22.7	6.8	6.2
2007	1056	9304	26.2	7.5	7.6
2008	1133	9277	27.9	7.3	12.3
2009	1137	9062	28.6	9.7	8.9
2010	1195	9245	31.7	9.3	9.3
2011	1227	9436	36.0	10.8	11.0
2012	1306	9618	42.3	13.6	13.4
北　京	5	78	0.8	0.5	0.4
天　津	10	153	1.1	0.2	0.2
河　北	93	889	2.0	1.6	1.7
山　西	56	407	0.9	0.6	0.6
内蒙古	9	109	0.2	0.2	0.2
辽　宁	37	292	0.8	0.4	0.4
吉　林	30	269	0.6	0.3	0.3
黑龙江	21	151	0.5	0.1	0.2
上　海	11	251	6.5	0.7	0.6
江　苏	80	727	3.0	1.1	1.2
浙　江	32	167	0.8	0.7	0.8
安　徽	51	387	2.4	0.4	0.4
福　建	52	168	0.4	0.2	0.2
江　西	52	281	0.9	0.3	0.3
山　东	92	810	4.9	2.4	2.4
河　南	95	1356	2.3	0.7	0.7
湖　北	52	670	1.8	0.5	0.5
湖　南	36	373	0.9	0.4	0.4
广　东	64	311	1.9	0.8	0.7
广　西	20	218	0.9		
海　南	5	18	0.2		
重　庆	17	57	0.4	0.1	0.1
四　川	162	456	4.4	0.3	0.3
贵　州	38	109	0.7		0.1
云　南	62	165	0.9	0.1	0.1
西　藏	4	11	0.1		
陕　西	37	355	1.4	0.3	0.3
甘　肃	52	244	0.4	0.5	0.4
青　海	8	21	0.1		
宁　夏	10	33	0.1		
新　疆	13	82	0.2	0.3	0.3

4-3-16 续表

年 份 地 区	烈士纪念建筑物数(个)	#纪念馆(陈列馆)	藏品量(万件)	参观人次(万人次)	零散烈士纪念建筑物数(个)
2005	8122	987	15.9	4596.4	7483
2006	7220	921	17.0	5072.2	7414
2007	7402	912	18.0	5231.0	7186
2008	7406	919	18.8	4464.8	7569
2009	8101	1076	19.3	6758.4	7622
2010	7367	1090	20.1	5189.6	9729
2011	9900	1143	21.3	5784.5	12378
2012	12584	1209	22.7	6837.1	13151
北 京	39	5	0.1	24.1	214
天 津	39	15	0.2	32.4	8
河 北	1205	87	3.8	497.5	1076
山 西	147	54	0.3	152.4	1404
内蒙古	30	12	0.0	29.0	170
辽 宁	186	28	1.4	189.6	404
吉 林	1875	24	0.7	75.6	739
黑龙江	427	14	1.0	270.4	257
上 海	60	16	0.4	184.7	5
江 苏	548	103	2.0	736.1	885
浙 江	124	39	0.7	164.1	384
安 徽	984	195	0.7	364.0	511
福 建	180	21	0.2	323.8	241
江 西	173	22	0.4	93.0	185
山 东	429	135	2.4	1364.2	503
河 南	486	98	1.1	348.0	654
湖 北	434	60	1.7	326.1	1351
湖 南	83	18	0.4	139.5	223
广 东	2178	13	0.3	309.3	1271
广 西	57	8	0.1	83.5	825
海 南	482	19	0.3	61.8	26
重 庆	46	17	0.2	195.6	291
四 川	1353	84	0.9	365.6	522
贵 州	166	10	0.0	98.1	172
云 南	168	22	0.4	74.3	181
西 藏	10	3	0.6	1.2	12
陕 西	416	36	0.6	155.1	152
甘 肃	193	29	0.8	81.7	313
青 海	25	6	1.1	7.5	37
宁 夏	11	6	0.1	8.5	21
新 疆	30	10	0.1	80.8	114

4-3-17　各级各类档案馆机构和人员情况

单位：个、人

年份	国家综合档案馆		国家专门档案馆		部门档案馆		企　业 档案馆	事业单位 档 案 馆
	馆数	专职人员	馆数	专职人员	馆数	专职人员		
2005	3142	23413	238	3452	145	2020	301	168
2006	3154	22689	239	3537	137	1699	216	205
2007	3161	21399	245	3737	146	1985	215	220
2008	3170	21414	240	3663	154	1886	241	228
2009	3191	20949	241	3626	149	1814	233	263
2010	3194	19750	252	3833	167	1747	223	271
2011	3196	19985	255	3843	170	2121	183	303
2012	3219	17331	223	3249	175	2044	192	258

4-3-18　国家综合档案馆基本情况

年份	馆藏档案 （万卷、件）	排架长度 （万米）	照片档案 （万张）	馆藏资料 （万册）
2005	18688.7	405.0	908.8	3247.2
2006	21656.5	342.9	1277.2	3335.1
2007	23675.3	377.3	1393.3	3522.9
2008	25051.0	458.8	1505.3	3812.1
2009	28089.2	492.6	1646.3	3629.4
2010	32198.6	504.2	1809.2	3719.9
2011	35445.5	533.4	1965.8	3815.0
2012	39076.0	565.7	1762.8	3675.8

4-3-18　续表

年份	开放档案 （万卷、件）	利用档案 （万卷、万件次）	利用现行文件 （万件次）	举办档案展览 （个）	档案馆建筑面积 （万平方米）
2005	5132.3	868.0			393.1
2006	5746.3	1166.4	70.5	5159	406.1
2007	5875.5	1244.9	77.6	2318	421.9
2008	6072.2	1257.4	112.9	2937	465.4
2009	6687.4	1308.0	72.8	3129	473.3
2010	7428.6	1417.3	145.6	3528	504.4
2011	7828.4	1564.5	123.6	3224	551.1
2012	7957.4	1467.4	129.3	4111	601.9

4-4-1 各地区国家级风景名胜区基本情况(2012年)

地 区	风景名胜区面积(平方公里)	#供游览面积	游人量(万人次)	#境外游人	景区资金收入合计(万元)	#国家拨款
全 国	**96506**	**44256**	**67614.9**	**2502.3**	**4974808**	**540605**
北 京	316	59	1387.1	110.3	66707	3219
天 津	106	10	116.7	6.5	7729	792
河 北	3991	2792	4258.9	48.8	170304	2559
山 西	1374	423	602.9	11.7	37310	1900
内蒙古	1234	242	30.0		60	
辽 宁	1865	1178	2146.8	40.5	94003	2360
吉 林	828	168	524.1	7.3	8209	
黑龙江	2874	1322	380.4	20.3	36575	14636
江 苏	1137	284	7750.4	203.4	172922	30586
浙 江	4317	1617	9867.9	303.3	326949	102265
安 徽	2229	1417	1361.0	75.5	393527	14431
福 建	1250	633	3896.2	131.6	634181	34681
江 西	3043	1246	3060.5	69.6	427755	47313
山 东	884	458	3194.7	63.7	147065	7273
河 南	1407	1021	2485.3	62.1	165946	5832
湖 北	1590	710	1924.4	35.5	309489	82486
湖 南	3140	1655	4679.6	138.1	444009	46227
广 东	714	290	4444.4	50.5	96002	20226
广 西	6465	2423	3460.2	189.5	58370	755
海 南	231	67	1182.4	372.1	140505	17975
重 庆	2500	897	892.9	66.4	206491	9722
四 川	17014	5147	2925.4	71.4	321639	53188
贵 州	3263	1732	1884.2	29.4	363216	29994
云 南	2607	805	2526.8	263.9	175672	740
西 藏	13791	4681	176.6	5.1	7267	10
陕 西	760	359	1552.6	84.9	107215	2965
甘 肃	1099	250	389.0	35.9	18285	949
青 海	8978	8978	101.2	1.1	13541	
宁 夏	86	13	105.0	1.2	5176	1662
新 疆	7413	3379	307.3	2.7	18689	5859

4-4-1　续表

地　区	#经营收入	#门　票	景区资金支出合计(万元)	#经营支出	#固定资产投资完成额	#维护支出
全　国	**3945019**	**1927889**	**4018109**	**1564189**	**1933340**	**473278**
北　京	57375	45078	62939	6792	40477	22175
天　津	6937	3278	8197	996	7201	350
河　北	130045	92428	134445	96172	36257	17049
山　西	34810	22004	15098	9495	5203	4511
内蒙古			60	40	20	12
辽　宁	87833	39429	53252	20336	30146	6732
吉　林	8209	685	2940	2530	282	98
黑龙江	21750	11905	40579	22920	14313	3117
江　苏	130350	95576	190728	61523	88511	18024
浙　江	218718	149323	298339	121760	171358	47829
安　徽	349997	119414	731445	355305	274659	22574
福　建	559756	125766	148269	60782	85617	32456
江　西	353469	131342	393487	168404	195771	53326
山　东	124115	103326	109067	16595	80764	40794
河　南	137357	103007	150444	73642	68950	4011
湖　北	88978	39304	155275	85529	63599	28855
湖　南	346260	182443	412470	106973	263766	37809
广　东	61035	25510	100303	20674	77913	32196
广　西	29445	10800	54865	13380	30100	17816
海　南	110530	67163	118542	48215	64639	27717
重　庆	196232	47417	228248	103243	111435	25021
四　川	262484	215929	203108	80970	99146	7363
贵　州	312470	38077	206804	22241	37089	7878
云　南	160129	119642	128264	35243	51472	9351
西　藏	7167	5927	1385	194	1181	10
陕　西	102861	100715	25336	11716	10903	1505
甘　肃	17336	12516	14644	5516	8566	2031
青　海	13541	7989	12235	1627	10608	441
宁　夏	3150	364	4461	300	2430	1731
新　疆	12680	11532	12880	11076	964	496

4-4-2 娱乐场所基本情况

年 份	机构数（个）	从业人员（人）	资产总计（万元）	营业收入（万元）	利润总额（万元）	经营面积（万平方米）
2005	55302	494243	2898572	1882946	268963	1926
2006	51742	490289	2990424	2101890	329557	2071
2007	82174	611108	5927457	3546201	583689	3472
2008	84356	639511	7048155	3709413	659403	3580
2009	82200	636800	6271305	4130085	1367846	3759
2010	85854	703520	7635552	4772099	1718734	4052
2011	92577	758377	9661392	5661798	1939320	4767
2012	90271	765250	11136779	6048764	1982344	4383

4-4-3　各地区娱乐场所基本情况(2012年)

地　区	机构数(个)	从业人员(人)	资产、负债、所有者权益(万元)			
			资产总计	#固定资产原价	负债合计	所有者权益合计
全　国	**90271**	**765250**	**11136779**	**7990587**	**2012822**	**9123959**
北　京	1178	17993	523486	217668	280097	243390
天　津	540	8779	141045	87006	28812	112233
河　北	2729	21494	445744	231256	210310	235434
山　西	1418	15314	181023	130903	23687	157337
内蒙古	2933	16892	193446	157797	6566	186880
辽　宁	4581	22456	267762	205838	15743	252019
吉　林	1692	7024	149530	128879	1910	147620
黑龙江	3044	8709	67566	62112	5105	62461
上　海	2822	42032	1164520	645617	193077	971443
江　苏	7412	51682	808983	722543	50085	758898
浙　江	4263	63975	1006338	763076	245673	760664
安　徽	3669	25649	392168	308390	88544	303624
福　建	2267	40634	672666	419844	220433	452233
江　西	3080	19929	197540	182254	8847	188694
山　东	2909	27130	348997	226632	39592	309405
河　南	2021	21707	208258	178185	18974	189283
湖　北	3312	27036	335402	275125	32191	303212
湖　南	2533	28203	541942	338558	18553	523389
广　东	6925	84296	1143295	766577	309894	833402
广　西	3869	30161	235564	209987	16899	218665
海　南	887	6845	97409	83616	18434	78975
重　庆	3003	21209	278385	217799	21039	257346
四　川	6517	62293	644296	527055	40479	603817
贵　州	2554	17980	180960	141684	21840	159120
云　南	6729	39907	385504	297208	56269	329235
西　藏	783	1872	6894	6530	49	6845
陕　西	1172	13618	192210	160684	17716	174494
甘　肃	884	5689	81238	74159	3489	77749
青　海	629	2515	29237	27170	752	28485
宁　夏	866	1768	21240	20117	989	20251
新　疆	3050	10459	194134	176318	16779	177356

4-4-3 续表 1

地区	损益(万元)						
	营业收入	#主营业务收入	营业成本	营业利润	营业外收入	营业外支出	利润总额
全国	**6048764**	**5617057**	**4038511**	**2010265**	**117824**	**145748**	**1982344**
北京	141107	136647	98244	42863	1095	1080	42878
天津	53436	49731	36732	16704	2061	1732	17033
河北	196819	150532	137678	59141	3055	3336	58860
山西	87936	82906	61395	26542	1525	1023	27044
内蒙古	104587	85257	54927	49660	1467	1633	49494
辽宁	117457	100100	58888	58570	4732	4813	58489
吉林	32811	30777	15994	16817	435	461	16792
黑龙江	34540	31751	17925	16619	1194	1045	16768
上海	430109	391495	365583	64527	3639	12128	56038
江苏	500437	466009	307849	192588	21320	22040	191868
浙江	721887	693070	527022	194865	3487	6436	191916
安徽	185643	173151	125030	60614	8251	6104	62760
福建	384925	361061	291473	93453	4897	6698	91652
江西	115459	110106	62634	52825	3666	2571	53920
山东	164911	135158	102541	62369	4282	5791	60861
河南	111142	98693	60980	50161	4339	3084	51416
湖北	176518	162629	97178	79340	5239	6471	78108
湖南	355980	345041	125567	230413	6709	3650	233473
广东	781449	747152	651337	130114	7921	15953	122082
广西	145124	140024	89108	56017	1398	1350	56065
海南	109120	108438	91554	17566	140	627	17079
重庆	170132	153978	121444	48688	4083	4958	47814
四川	380248	352555	214191	166058	12709	13337	165430
贵州	122968	119699	76342	46626	930	4527	43029
云南	181673	164335	114560	67114	3070	5510	64674
西藏	5459	5247	3212	2246	2	45	2203
陕西	99111	90634	52311	46800	4865	5039	46626
甘肃	45765	44762	24184	21581	575	1065	21091
青海	18394	17783	7906	10488	66	2337	8217
宁夏	11136	10558	5407	5729	113	110	5732
新疆	62482	57781	39315	23168	562	796	22935

4-4-3　续表 2

地　区	工资、福利费、增值税(万元)			经营面积（万平方米）
	本年发放工资总额	本年支付的职工福利费	本年应交税金总额	
全　国	**1305103**	**67453**	**553335**	**4383.1**
北　京	30347	1000	15324	132.3
天　津	7363	459	2350	59.9
河　北	63431	3536	16116	158.6
山　西	14803	2954	6233	89.3
内蒙古	20160	691	5570	89.9
辽　宁	20859	1340	9285	146.6
吉　林	7286	165	1584	59.6
黑龙江	8296	122	2240	63.2
上　海	81428	4161	32891	217.3
江　苏	110912	4028	21586	339.1
浙　江	154266	5487	46712	405.8
安　徽	36945	2373	12610	160.8
福　建	72839	5210	100929	233.8
江　西	23151	1274	4188	100.6
山　东	36167	1584	9918	184.1
河　南	24315	1967	6170	140.9
湖　北	35627	1429	7027	143.6
湖　南	53951	1945	22776	116.3
广　东	206761	13285	93047	508.5
广　西	32172	1431	10574	127.2
海　南	27868	337	21302	39.4
重　庆	42979	2092	6821	116.4
四　川	76151	5929	20117	250.1
贵　州	27544	967	15237	89.3
云　南	40123	2019	14016	193.4
西　藏	1815	10	123	6.6
陕　西	19341	656	6420	69.0
甘　肃	8721	162	1878	35.1
青　海	3919	237	777	15.0
宁　夏	2076	28	183	11.7
新　疆	13490	576	39332	79.8

4-4-4 网吧基本情况

年 份	机构数(个)	从业人员(人)	资产总计(万元)	营业收入(万元)	利润总额(万元)	经营面积(万平方米)	计算机终端数(台)	日均上网人次(万人次)
2005	106526	374904	1674628	1464218	408269	1366		
2006	114273	443745	2210843	2016913	329557	1790		
2007	133163	539460	4304405	3434114	1036162	3782	9598755	2135
2008	134267	565707	5307279	3645153	913361	2748	10161778	2300
2009	138048	580749	5585437	3785362	1510735	3032	11315209	4596
2010	140376	584912	5864306	3626809	1490620	3171	11861056	5736
2011	141275	567170	6282208	3754922	1565375	3220	11920514	3241
2012	135683	529362	6222263	3539807	1431362	3167	11931242	2586

4-4-5　各地区网吧基本情况(2012年)

地　区	机构数(个)	从业人员(人)	资产、负债、所有者权益(万元)			
			资产总计	#固定资产原价	负债合计	所有者权益合计
全　国	**135683**	**529362**	**6222263**	**5266979**	**530535**	**5691735**
北　京	1141	5174	206457	93607	8123	198334
天　津	882	3981	49559	38478	2247	47312
河　北	6713	21155	179695	141593	12921	166774
山　西	3488	11872	126615	109417	10842	115773
内蒙古	3161	8964	146959	128628	7881	139078
辽　宁	5952	20436	175386	152200	10431	164955
吉　林	2696	7740	92386	87567	1532	90854
黑龙江	4941	14769	146508	137783	10372	136136
上　海	1325	7601	97207	65529	12686	84522
江　苏	8511	31593	495533	440682	24055	471478
浙　江	6449	26100	373766	314840	31478	342287
安　徽	5761	19619	231600	199607	26472	205128
福　建	2848	12702	120991	104381	5366	115625
江　西	4304	16899	201295	180224	14215	187080
山　东	11484	35560	347792	305116	31346	316447
河　南	7926	30245	406078	341849	23519	382558
湖　北	7784	31235	345133	282313	29426	315707
湖　南	9488	28194	328132	300045	29453	298680
广　东	8117	43138	662278	510322	58646	603632
广　西	4913	18889	155482	146494	6914	148568
海　南	1040	4586	32701	29576	1277	31424
重　庆	3256	12721	126411	112606	8027	118385
四　川	9186	51825	448906	404545	71003	377905
贵　州	2231	9991	120091	107053	8429	111663
云　南	3680	19129	146714	117498	19478	127236
西　藏	339	1119	12249	11868	354	11895
陕　西	3220	17241	196727	171216	14076	182651
甘　肃	1424	5772	65944	57880	7489	58456
青　海	442	1884	18040	16240	727	17313
宁　夏	603	2233	29707	26861	1978	27730
新　疆	2378	6995	135925	130963	39774	96151

4-4-5 续表 1

地 区	损益(万元)						
	营业收入	#主营业务收入	营业成本	营业利润	营业外收入	营业外支出	利润总额
全 国	**3539807**	**3239358**	**2128691**	**1413936**	**132249**	**114842**	**1431362**
北 京	38692	34521	21684	17007	122	921	16208
天 津	28574	25306	19032	9543	975	754	9763
河 北	83194	76965	49595	33600	3266	3119	33749
山 西	101252	83544	69835	31419	7457	3341	35539
内蒙古	77955	66415	37712	40245	1905	1516	40634
辽 宁	104464	93595	44245	60220	7626	10875	56971
吉 林	40928	39424	19261	21668	609	622	21655
黑龙江	84754	79333	44106	40654	1547	1566	40637
上 海	56409	53366	40832	18066	462	991	17537
江 苏	322823	309002	199922	122902	7925	8475	122353
浙 江	230859	217403	151339	79521	4036	5286	78274
安 徽	127826	116140	76538	51289	4890	3625	52554
福 建	76958	72342	56214	20744	1458	1661	20542
江 西	118687	105194	63558	55129	7257	4374	58012
山 东	189631	168807	104529	85419	11304	10814	85910
河 南	201517	179808	99292	102226	6482	6369	102339
湖 北	216840	200310	120768	96072	10299	11951	94420
湖 南	265252	227158	190389	74863	27188	8485	93569
广 东	239642	217760	181888	57755	4736	5301	57190
广 西	97226	93210	61661	35566	2326	1858	36034
海 南	26766	25703	14347	12419	673	885	12206
重 庆	85395	77763	53268	32128	2058	2645	31543
四 川	310403	287864	172204	138200	10056	6765	141493
贵 州	96468	93784	56900	39568	738	2641	37666
云 南	75955	68760	47077	28878	2225	2493	28610
西 藏	8229	8184	5209	3021		60	2961
陕 西	119164	108963	62180	56985	3195	4794	55385
甘 肃	40758	38989	22034	18725	478	602	18601
青 海	11385	10815	5241	6144	239	1315	5068
宁 夏	14414	13525	7530	6884	363	295	6952
新 疆	47386	45405	30306	17081	355	446	16990

4-4-5　续表 2

地　区	工资、福利费、增值税(万元)			计算机终端数(台)	日均上网人次(万人次)	经营面积(万平方米)
	本年发放工资总额	本年支付的职工福利费	本年应交税金总额			
全　国	**729727**	**41617**	**253075**	**11931242**	**2586**	**3167.4**
北　京	7558	269	5110	183850	22	50.9
天　津	4837	385	853	104747	12	30.3
河　北	19809	735	3843	454879	47	119.7
山　西	12973	727	2236	287938	46	74.3
内蒙古	12308	492	5705	263977	45	66.5
辽　宁	19794	1702	7146	444309	71	119.9
吉　林	7690	394	1668	183938	23	50.9
黑龙江	14749	182	4381	310582	57	83.4
上　海	13980	442	3104	188984	22	45.6
江　苏	58047	2511	10611	877500	144	218.4
浙　江	48068	1916	13125	719896	105	186.2
安　徽	23450	807	5249	488061	121	115.4
福　建	21010	1485	5709	270313	29	71.2
江　西	22838	1760	5238	373511	368	100.2
山　东	41725	1900	9708	803388	203	212.1
河　南	32451	2015	39291	667258	273	170.1
湖　北	49919	3119	13634	612396	104	160.4
湖　南	71015	6357	52537	730002	120	169.0
广　东	69103	4396	19929	1139911	266	385.5
广　西	22112	399	4372	355828	65	97.7
海　南	5709	217	1166	83856	13	21.2
重　庆	19316	639	1984	264009	59	74.7
四　川	57945	5284	12611	774895	119	190.8
贵　州	15212	716	8528	204651	79	54.4
云　南	15766	1002	4731	332899	59	76.4
西　藏	2320	231	439	25514	3	6.7
陕　西	22766	907	3481	381599	54	107.8
甘　肃	7805	144	1787	115680	21	32.8
青　海	2525	65	544	35680	3	10.9
宁　夏	2538	74	605	57793	6	16.6
新　疆	4389	348	3751	193398	27	47.4

4-5-1 与文化产业相关的通信业基本情况

指 标 名 称	2005	2006	2007	2008
用户规模				
移动电话用户(万户)	39340.6	46105.8	54730.6	64124.5
#移动个性化回铃用户				
手机报用户				
(固定)互联网宽带接入用户(万户)	3735.0	5085.3	6641.4	8287.9
移动互联网用户(万户)				
宽带电视用户(万户)				
手机电视用户(万户)				
互联网网民人数(亿人)	1.11	1.37	2.10	2.98
业务使用量				
移动短信业务量(亿条)	3046.3	4295.4	5945.8	6996.9
固定互联网宽带接入时长(亿分钟)				
移动互联网接入流量(万GB)				
网页长度(总字节数)(GB)	67300	122306	189160	438898
网站数(万个)	69.4	84.0	150.0	287.8
网络基础设施投资和能力				
电信固定资产投资(亿元)	2097.8	2214.0	2370.1	3068.0
#互联网及数据通信				232.4
移动电话基站(万个)	36.2	44.2	54.6	69.0
光缆线路长度(万公里)	407.3	428	577.7	677.8
互联网宽带接入端口(万个)	4874.7	6486.4	8539.3	10890.4
IPv4地址数(万个)	7437.0	9802.0	13527.0	18127.3
IPv6地址数(块/32)				
互联网国际出口带宽(Mbps)	136106	256696	368927	640287
服务水平				
移动电话普及率(部/百人)	30.3	35.3	41.6	48.5
互联网普及率(%)	8.5	10.5	16.0	22.6
移动电话漫游国家和地区(个)	203	219	231	237
开通互联网业务的行政村比重(%)				
开通互联网宽带业务的行政村比重(%)				
互联网信息服务				
互联网及相关服务企业数(个)			19857	20195
从业人数(人)			508371	490731
互联网及相关服务收入(亿元)			432.8	640.5

4-5-1　续表

指 标 名 称	2009	2010	2011	2012
用户规模				
移动电话用户(万户)	74721.4	85900.3	98625.3	111215.5
#移动个性化回铃用户	48311.0	57408.2	61414.3	60838.4
手机报用户		11189.7	16105.7	9592.5
(固定)互联网宽带接入用户(万户)	10397.8	12629.1	15000.1	17518.3
移动互联网用户(万户)	37709.6	51520.8	63432.3	76436.5
宽带电视用户(万户)		719.0	1348.8	2174.3
手机电视用户(万户)		909.5	5676.2	7085.1
互联网网民人数(亿人)	3.84	4.57	5.13	5.64
业务使用量				
移动短信业务量(亿条)	7726.5	8277.5	8790.0	8973.1
固定互联网宽带接入时长(亿分钟)		104017.5	197701.8	278468.2
移动互联网接入流量(万GB)	1175.3	39935.9	54083.1	87926.1
网页长度(总字节数)(GB)	1010848	1833476	3160028	4902328
网站数(万个)	323.2	190.8	229.6	268.1
网络基础设施投资和能力				
电信固定资产投资(亿元)	3773.1	3021.6	3382.2	3616.2
#互联网及数据通信	342.7	405.8	438.4	417.9
移动电话基站(万个)	111.1	139.8	175.2	206.6
光缆线路长度(万公里)	829.5	996.2	1211.9	1479.3
互联网宽带接入端口(万个)	13835.7	18781.1	23239.4	32108.4
IPv4地址数(万个)	23244.6	27763.7	33044.0	33053.5
IPv6地址数(块/32)	63	401	9398	12535
互联网国际出口带宽(Mbps)	866367	1098957	1389529	1899792
服务水平				
移动电话普及率(部/百人)	56.3	64.4	73.6	82.5
互联网普及率(%)	28.9	34.3	38.3	42.1
移动电话漫游国家和地区(个)	237	239	258	258
开通互联网业务的行政村比重(%)		94.8	94.8	94.9
开通互联网宽带业务的行政村比重(%)		80.1	84.0	87.9
互联网信息服务				
互联网及相关服务企业数(个)	19558	20071	21291	20815
从业人数(人)	591121	763548	771988	788256
互联网及相关服务收入(亿元)	864.2	1223.6	1813.9	2510.7

4-6-1 全国广告业基本情况

年 份	广告经营单位 (个)	广告从业人员 (人)	广告经营额 (万元)
2005	125394	940415	14163487
2006	143555	1040090	15730017
2007	172615	1112528	17409626
2008	185765	1266393	18995614
2009	209482	1334898	20410322
2010	243445	1480625	23406076
2011	296507	1673444	31255529
2012	377778	2177840	46982791

4-6-2　各地区广告经营单位情况

单位：个

地　区	2006	2007	2008	2009	2010	2011	2012
全　国	**143555**	**172615**	**185765**	**204982**	**243445**	**296507**	**377778**
北　京	15614	17866	15680	15692	17837	18297	25176
天　津	5350	9472	7601	7601	8587	12185	14272
河　北	3804	4137	4340	4347	3748	3863	5375
山　西	2145	2321	2827	3016	4047	4275	4333
内蒙古	1837	1794	2075	2239	3347	3559	6835
辽　宁	3763	3775	4488	4829	5294	5310	8671
吉　林	1681	1680	1969	2852	3824	4399	5650
黑龙江	2754	2635	2433	2669	2468	2917	3393
上　海	15124	26480	30757	36960	47563	58560	68574
江　苏	10380	11679	12150	13486	15864	17506	24824
浙　江	9207	10671	11848	13362	15772	20284	23005
安　徽	4366	5031	5464	5145	6834	6994	8486
福　建	4273	4593	5543	7382	7588	8837	10455
江　西	2230	3042	3215	3693	4063	4173	7006
山　东	9272	9504	11077	11803	15436	21315	26136
河　南	3065	3032	5894	6780	7969	8621	10343
湖　北	3808	4234	4644	5088	5415	6565	7389
湖　南	2803	2857	3173	2692	4031	5473	9908
广　东	18379	20903	19004	21396	25037	27178	33972
广　西	3047	2561	4256	4631	4825	4857	9206
海　南	1161	1281	949	1155	1389	1959	2097
重　庆	3284	4496	6441	8022	8584	16610	21224
四　川	5561	5567	5706	5192	7075	11011	14542
贵　州	1199	1199	1199	1199	1203	2330	3487
云　南	3181	3574	3887	4159	4561	6539	9513
西　藏	314	324	352	362	417	621	653
陕　西	1398	1450	2040	1768	2253	2816	2934
甘　肃	251	227	328	1612	1754	1911	2018
青　海	370	378	390	401	413	536	677
宁　夏	1052	1174	1223	1281	1861	1999	2191
新　疆	2882	4678	4812	4168	4386	5007	5433

4-6-3 各地区广告从业人员情况

单位：人

地 区	2006	2007	2008	2009	2010	2011	2012
全 国	**1040099**	**1112528**	**1266393**	**1334898**	**1480525**	**1673444**	**2177840**
北 京	131540	129293	109838	125651	123582	120975	98670
天 津	34677	39997	44734	43776	57768	64219	69195
河 北	27720	28920	28751	30112	25584	26196	20019
山 西	16630	17641	20042	20706	25353	25253	24124
内蒙古	13097	12213	15496	17370	21433	23654	48397
辽 宁	29938	28590	30000	32431	38870	39088	59953
吉 林	5783	5139	10230	15046	19167	16338	33769
黑龙江	19437	17758	21307	20613	19154	22866	24011
上 海	77800	82041	114422	168488	215208	182356	213539
江 苏	79209	87599	92696	100877	108523	117462	177963
浙 江	67732	76711	80191	94658	113701	139286	156194
安 徽	28976	29830	31957	31889	38526	41392	51090
福 建	39211	38291	41417	54752	57151	67707	72907
江 西	23064	29445	31956	32055	35260	35810	56048
山 东	75194	76151	79133	81513	97705	114562	154247
河 南	30209	29943	50014	49546	53463	60682	69440
湖 北	24305	27830	30267	33367	40745	43981	44740
湖 南	25654	26090	27634	16244	20136	27488	45646
广 东	102755	120679	168113	157772	152136	183844	207053
广 西	27673	23278	35289	34750	32491	36950	162489
海 南	13248	13998	5970	7289	7956	11412	14105
重 庆	27280	30176	45031	46383	45763	77216	98255
四 川	56415	57140	57570	30374	32477	74738	91185
贵 州	7781	7781	7781	7781	7821	12110	17435
云 南	16847	17841	18856	19563	20377	26647	80223
西 藏	1951	1965	2105	2214	2663	3892	3897
陕 西	5371	5432	17797	11446	15125	19881	20252
甘 肃	1988	1906	2434	12440	12622	13527	14027
青 海	2909	3052	3109	3156	3182	4127	4345
宁 夏	7216	7505	7739	7910	11126	11619	13174
新 疆	18489	35293	34514	24726	25457	28166	31448

4-6-4 各地区广告经营额情况

单位：万元

地 区	2005	2006	2007	2008	2009	2010	2011	2012
全 国	**14163487**	**15730017**	**17409626**	**18995614**	**20410322**	**23405076**	**31255529**	**46982791**
北 京	2515576	2888889	3455746	3922959	4238201	5366075	8096238	18076138
天 津	527801	618001	737137	839202	929026	1041410	1224000	1400889
河 北	87393	92717	127454	128791	137833	111999	117406	72509
山 西	141259	163390	186263	201665	241880	258859	308566	340590
内蒙古	38193	45471	69434	84382	104449	111829	134331	306339
辽 宁	455363	516222	399644	428508	442073	510257	516301	954810
吉 林	131380	149796	165187	188264	220607	256011	284600	343428
黑龙江	171865	184117	192535	203948	214565	300475	347454	426538
上 海	2664690	2656091	2989505	3133541	3182216	3780770	4376913	4378926
江 苏	906323	1260433	1305384	1535291	1789402	1532984	2498939	4362070
浙 江	956970	1087633	1246676	1382663	1518760	1922537	2205542	2361417
安 徽	226023	256226	310609	363714	467038	584573	695946	820853
福 建	360925	412764	497410	560714	815270	953866	1101842	1202931
江 西	163354	192352	212998	231682	249753	287216	323216	350300
山 东	611084	708912	689559	702359	763132	867693	1180083	1763867
河 南	229651	234520	241404	330443	350996	331570	355623	817906
湖 北	263469	235809	287132	319572	345067	253245	554167	625525
湖 南	208724	302900	333113	357640	72551	658912	1043066	1151296
广 东	2346230	2429041	2567197	2505990	2691187	2525674	3736551	4663079
广 西	115448	142822	100000	61141	59614	55364	56074	116165
海 南	32606	31432	33156	35991	50132	54905	100941	134379
重 庆	271022	278944	293442	333293	331962	267376	339572	375526
四 川	295371	347945	450144	506337	560468	657248	751177	1026968
贵 州	76419	76419	76419	81419	81419	81629	96450	136450
云 南	136536	160867	164465	177626	202360	212087	294777	343174
西 藏	18456	19426	20955	12238	15004	17317	22574	22596
陕 西	38883	37155	38566	138894	140442	178182	204714	167098
甘 肃	30359	36498	36122	40815	52116	65664	87904	90519
青 海	11000	15698	20533	24022	25168	28012	38019	41206
宁 夏	23922	24557	27193	28306	16403	27899	31612	33241
新 疆	107192	122970	134244	134209	101229	103436	130929	76057

4-6-5 建筑设计资质企业财务状况

单位：万元

年份	企业数（个）	年末从业人员（人）	营业收入	工程设计收入	营业成本	营业税金及附加	利润总额	#应交所得税
2005	4884	234329	3237923	2279707	2266299	166401	275254	58188
2006	4927	248217	4552516	2788937	3603802	192057	362412	81953
2007	4770	248927	5205057	3117790	3820277	237104	585939	135849
2008	4898	265937	6767675	3601185	5622401	291890	564984	125108
2009	4639	262262	7465897	4214278	5575048	393833	638462	129068
2010	4503	271640	9437047	5696845	7019460	477471	853991	166461
2011	4741	301146	10671552	7704387	7926979	542042	983842	204346
2012	4756	334079	16766975	8026237	13527863	907360	1105260	223003

4-6-5 续表

单位：万元

年份	净利润	资产合计	#流动资产	#固定资产	负债合计	所有者权益合计
2005	173398	3120317	1861566	912490	1597350	1255350
2006	285219	4395009	2932160	915817	2629112	1688414
2007	443711	5650968	3894876	1756092	3439318	2333035
2008	432196	6681307	4652548	1226162	3318025	2297147
2009	514118	7447221	5246011	1228264	4398034	3150781
2010	717026	9202050	6605237	1349599	5391611	3732603
2011	852486	9987260	7212448	1661136	5863598	4123662
2012	878387	17915480	13163508	2292400	13637479	6352764

4-6-6　建筑装饰工程设计资质企业财务状况

单位：万元

年　份	企业数（个）	年末从业人员（人）	营业收入	工程设计收入	营业成本	营业税金及附加	利润总额	#应交所得税
2005	1922	116229	4845623	217989	4344140	156669	174627	42835
2006	1830	118365	5351344	275378	4845880	175239	214781	55610
2007	1761	133011	6772134	304296	6886845	265928	259775	72562
2008	1743	144531	8770511	337127	8451226	316453	287908	66152
2009	1540	137928	8109865	374588	7216557	294696	359116	87273
2010	1431	152487	10106854	498147	9431278	369509	461116	115984
2011	1582	183071	16787224	687997	14989836	628354	827684	206080
2012	1657	210874	19704075	822418	19290291	843912	969811	225349

4-6-6　续表

单位：万元

年份	净利润	资产合计	#流动资产	#固定资产	负债合计	所有者权益合计
2005	121780	4748227	3864734	596025	2868364	1837941
2006	153302	5190652	4162897	593598	3022365	1847896
2007	196918	5862296	4776311	1085985	3760263	2138982
2008	232092	6320592	5259003	613924	3934500	2261839
2009	266457	6675043	5271951	635702	3953432	2334507
2010	313182	7569608	6336449	710851	4719375	2676857
2011	631805	12187969	10122453	1103385	7482452	4705518
2012	746820	16427116	14154047	1039688	11686290	5363942

第五部分

主要国家（地区）统计资料

5-1-1　澳大利亚按年龄分文化活动参与率(2009-2010年)

单位：%

文化活动场所	平均参与率	15－17岁	18－24岁	25－34岁	35－44岁	45－54岁	55－64岁	65岁及以上
艺术画廊	25.9	27.3	22.3	23.4	25.7	29.3	30.3	23.6
博物馆	25.5	29.4	18.4	26.2	32.0	28.0	26.6	18.4
动物园或水族馆	36.8	39.4	36.9	46.2	50.5	33.3	30.2	19.6
植物园	35.2	28.8	27.6	38.6	37.1	38.0	38.5	31.3
图书馆	33.5	40.1	30.8	32.1	36.4	33.4	32.9	32.7
档案馆	3.5	3.4	1.8	3.1	2.9	5.3	4.2	3.5
表演艺术								
古典音乐会	8.9	7.0	5.9	6.1	6.4	10.2	13.3	12.3
流行音乐会	30.3	38.1	44.6	40.2	31.5	28.8	23.3	12.2
剧院演出	16.3	19.0	13.6	14.0	16.3	19.4	19.4	13.9
舞蹈	10.1	16.3	9.0	8.1	12.8	12.2	9.3	6.8
音乐剧和歌剧	16.3	16.5	12.0	15.0	16.1	19.0	20.0	15.0
其他表演艺术	16.8	17.1	15.3	20.3	20.5	17.1	14.6	11.4
电影院	67.0	92.8	85.3	75.8	71.2	66.6	56.9	39.8

注：数据来自澳大利亚统计局(下表同)。

5-1-2 澳大利亚政府文化投入情况(2009/2010财政年度)

单位：百万澳元

项 目	政府投入	联邦政府	州或领地政府	地方政府
总计	**6658.1**	**2457.0**	**3003.3**	**1197.7**
文化遗产	3007.4	693.0	2314.4	
艺术博物馆	329.7	90.1	187.1	52.4
其他博物馆和文化遗产	714.8	295.7	371.8	47.4
环境遗产	1496.7	151.0	1345.7	
图书馆	1173.4	66.6	347.6	759.3
档案馆	151.8	89.6	62.2	
文化艺术	2453.0	1764.0	689.0	
文献和印刷媒体	48.8	34.8	14.0	
表演艺术	405.9	149.9	164.9	91.1
音乐	115.2	64.6	50.6	
戏剧	61.2	29.2	32.0	
舞蹈	32.4	17.3	15.1	
音乐剧院和歌剧院	43.8	21.7	22.1	
其他表演艺术	62.2	17.2	45.1	
艺术表演场馆	214.1		214.1	
音乐创作和出版	2.6	2.0	0.6	
视觉艺术和手工艺术	68.7	30.6	38.1	
设计	8.1	0.7	7.4	
广播电视	1295.8	1295.0	0.8	
电影音像出版发行	216.4	108.0	108.4	
多媒体	12.1	3.3	8.8	
其他艺术	271.6	139.7	131.9	
文化艺术服务	247.5			247.5

5-2 加拿大文化产业基本情况

单位：百万美元

项 目	2006	2007	2008	2009	2010	2011
期刊出版						
营业收入		2362.1	2394.4	2182.6	2134.5	2088.0
营业支出		2094.7	2100.1	2058.9	1952.6	1940.4
#薪酬福利费		600.5	622.1	648.5	620.2	592.0
报纸出版						
营业收入	5353.8	5394.5	5482.3	4938.5	5009.8	
营业支出	4646.2	4713.5	4814.9	4412.1	4394.0	
#薪酬福利费	1801.2	1827.8	1877.0	1733.7	1751.0	
影视电影						
营业收入			1976.4	2047.4	1976.6	1854.9
营业支出			1624.1	1625.7	1491.6	1512.4
#薪酬福利费			100.1	87.8	81.7	89.1
公共艺术博物馆和画廊						
营业收入	253.4	250.5	255.9	275.7	289.7	
营业支出	247.9	249.8	266.2	281.0	287.0	
#薪酬福利费	100.8	105.8	111.4	121.8	124.0	
其他博物馆						
营业收入	511.1	576.6	595.8	622.7	641.7	
营业支出	527.3	563.8	574.5	597.7	621.7	
#薪酬福利费	241.0	252.6	254.6	276.8	292.6	
古迹和遗址						
营业收入	87.0	90.7	87.9	89.4	92.3	
营业支出	88.6	90.2	88.5	87.2	90.3	
#薪酬福利费	46.2	40.5	40.7	41.4	45.2	
动物园和植物园						
营业收入	246.4	255.3	255.4	252.6	258.5	
营业支出	237.0	248.3	243.5	243.1	243.3	
#薪酬福利费	123.8	115.4	114.1	111.7	114.5	
休闲公园和游乐中心						
营业收入				414.4	412.3	460.0
营业支出				367.0	390.3	413.3
#薪酬福利费				124.7	131.4	145.6

注：2011年数据为初步数。数据来自加拿大统计局网站。

5-3-1 芬兰文化产业从业人员

单位：人

行 业	2010	2011	2012
出版业	16611	17167	17238
广告业	12738	10431	10414
艺术和文学创作	15739	18604	18300
图书馆，档案馆，博物馆以及历史遗址保护	11966	13983	13199
其他行业	67428	61396	58717

注：数据来自芬兰劳动力调查（下表同）。

5-3-2 芬兰大众媒体市场销售额

单位：百万欧元

年 份	总计	印刷媒体	电子媒体	录制媒体
2001	3511	2579	660	272
2002	3566	2586	688	292
2003	3660	2628	722	309
2004	3815	2722	789	304
2005	3942	2796	857	288
2006	4085	2871	915	300
2007	4275	2945	1027	303
2008	4421	2964	1148	309
2009	4175	2738	1162	276
2010	4294	2769	1229	297
2011	4346	2763	1309	274

5-4-1　日本文化活动从业人员情况

单位：人

项　目	作家/文学家	记者/编辑	雕刻家/画家/美术家	设计家	摄影家	音乐家	演员/舞蹈家/演奏家
1995							
总人数	31268	94868	37064	151924	65905	125570	73487
男性	20512	69005	24169	85502	55566	23148	43878
女性	10756	25863	12895	66422	10339	102422	29609
2000							
总人数	33600	95899	38103	161393	66412	121786	75773
男性	21456	66231	22638	92944	53505	23498	44639
女性	12144	29668	15465	68449	12907	98288	31134
2005							
总人数	29215	93374	38781	164741	64446	115020	78698
男性	17987	62973	21792	94781	49529	23620	42635
女性	11228	30401	16989	69960	14917	91400	36063

注：数据来自《日本统计年鉴2013》(表5-4-2至5-4-7同)。

5-4-2 日本博物馆基本情况

项目	总计	综合博物馆	科学博物馆	历史博物馆	美术博物馆	野外博物馆	动物园	植物园	动植物园	水族馆
个数(个)										
1990	799	96	81	258	252	11	35	21	7	38
1993	861	109	89	274	281	9	31	22	9	37
1996	985	118	100	332	325	11	33	18	9	39
1999	1045	126	105	355	353	13	28	16	10	39
2002	1120	141	102	383	383	11	31	17	10	42
2005	1196	156	108	405	423	13	32	12	9	38
2008	1248	149	105	436	449	18	29	11	10	41
从业人员(人)										
1990	11429	1168	1281	2209	2816	243	1684	370	389	1269
1993	12966	1443	1271	2587	3196	253	1656	456	594	1510
1996	14200	1583	1774	3146	3540	170	1716	374	577	1320
1999	15211	1830	1866	3321	3907	311	1348	600	471	1557
2002	16522	2308	1738	3844	4519	137	1521	418	456	1581
2005	17354	2357	1784	3930	5114	381	1688	300	435	1365
2008	17942	2120	1720	4210	5320	498	1580	202	589	1703
参观人数(千人)										
1990	130322	6578	12563	18583	32127	3575	28480	4883	8653	14880
1993	134335	12529	12906	19478	28233	3595	23618	5560	11364	17052
1996	124074	10233	15116	19396	25668	2961	20252	2679	8898	18871
1999	113273	10073	12806	17849	25034	3087	16756	3279	6218	18171
2002	113977	9249	12334	19617	28071	1362	17603	2625	5953	17163
2005	117854	10106	12658	17101	33472	2687	18197	2182	4300	17151
2008	124165	8500	13816	19965	33029	2894	18359	1778	5383	20441

5-4-3　日本图书出版情况

单位：种

年　份	总计	传记	哲学	历史	社会科学	自然科学	土木工程	商业	艺术	语言	文学	儿童书籍	学习参考书
1980	27891	503	1456	1834	6251	2300	2552	1129	3260	565	5571	2102	368
1985	31221	1224	1599	1983	7178	2605	2657	1266	3107	599	6290	2310	403
1990	40576	1780	1762	2481	9798	2970	3446	1698	3348	826	8792	2986	689
1995	58310	2794	2731	3917	12578	4460	4774	2160	7540	1391	11427	3510	1028
2000	65065	2587	2997	4634	14099	5218	6105	3000	8895	1766	11484	3334	946
2005	78304	2551	3763	5102	16201	6226	8104	3337	10884	2063	13595	5064	1414
2008	78013	2372	3933	5131	16196	6563	8623	3500	10921	1971	12759	4746	1298
2009	78501	2265	4344	4908	16310	6797	8669	3435	10835	1957	12844	4813	1324
2010	77773	2080	4381	4969	15757	6780	8499	3478	11535	1884	12879	4675	856

5-4-4　日本期刊出版情况

单位：种

年　份	总计	月刊	半月刊	旬刊	周刊	双月刊	季刊	其他
1980	3325	2278	88	31	93	230	435	170
1985	3683	2435	68	30	98	277	474	301
1990	3889	2680	89	28	111	265	445	271
1995	4178	2848	124	22	112	335	436	301
2000	4533	2856	134	20	138	377	491	517
2005	4581	2724	139	16	132	581	515	474
2008	4353	2532	128	16	118	560	514	485
2009	4215	2432	117	14	119	565	484	484
2010	4056	2320	116	14	108	520	477	501

5-4-5 日本媒体广告情况

单位：亿日元

年 份	广告费	四大媒体	报 纸	期 刊	广 播	电 视	推广媒体	卫星媒体	网络
2005	68235	37408	10377	4842	1778	20411	26563	487	3777
2006	69399	36668	9986	4777	1744	20161	27361	544	4826
2007	70191	35699	9462	4585	1671	19981	27886	603	6003
2008	66926	32995	8276	4078	1549	19092	26272	676	6983
2009	59222	28282	6739	3034	1370	17139	23162	709	7069
2010	58427	27749	6396	2733	1299	17321	22147	784	7747
2011	57096	27016	5990	2542	1247	17237	21127	891	8062

注：1.推广媒体指室外广告、交通广告、折页广告、邮寄广告、免费报纸/期刊、店面促销广告、电话簿、展览/平面广告。
2.卫星媒体指卫星广播电视、有线广播电视和文字电视广播。

5-4-6 日本文化娱乐活动基本情况

年 份	电影院				剧院/表演场馆			游乐园/主题公园		
	收入（亿日元）	观众人次（千人次）	座席数（个）	年末从业人员（人）	收入（亿日元）	观众人次（千人次）	年末从业人员（人）	收入（亿日元）	参观人次（千人次）	年末从业人员（人）
2005	145223	96135	293331	11143	185048	29440	5371	405003	70832	33375
2010	117949	77297	271838	10262	187270	28553	5330	462602	69702	33894
2011	95111	62436	265316	9550	201644	38240	6066	430166	63622	34183

注：因调查范围变化，各年数据均不可比。

5-4-7 日本文化娱乐用品和服务平均每户年度支出

单位：日元

年 份	总支出	娱乐耐用品	#电视机	#照相机和摄影机	#乐器	娱乐用品	#文具	图书和其他阅读材料	娱乐服务
1995	393170	35134	8711	2952	2793	87845	8754	55855	214335
2000	403055	42622	7351	4585	1897	91549	7928	54742	214142
2005	384890	39824	11502	3680	1751	81424	6779	54821	208822
2009	393079	48162	21862	3529	1605	84530	6981	50888	209499
2010	400153	57881	30168	3232	2433	81570	6803	49543	211159
2011	364711	37468	12989	2722	1418	78220	6816	48397	200625

5-5-1　德国博物馆基本情况

类　型	博物馆数 (个)		参观人数 (千人次)	
	2009	2010	2009	2010
总　计	**4790**	**4823**	**106820**	**109196**
历史和考古博物馆	348	361	18053	18109
专业文化历史博物馆	709	690	11195	11267
艺术博物馆	517	520	18334	19271
国家历史博物馆	228	226	8354	8116
国家科学技术博物馆	552	564	15642	17392
宫殿和城堡博物馆	224	230	12710	12746
地方历史和民族博物馆	2119	2131	16006	15318
其他博物馆	93	101	6526	6977

5-5-2　德国公共预算中用于文化和宗教事务支出(2003-2006)

指　标	2003	2004	2005	2006
总支出(百万欧元)	7 305	7 109	7 120	7 089
人均支出(欧元)	88.52	86.18	86.34	86.06
占公共预算支出的比重(%)	1.58	1.54	1.50	1.45
占GDP的比重(%)	0.34	0.20	0.32	0.31

注：2006年为计划数。

5-6-1 美国文艺演出主要指标

项 目	2000	2002	2003	2004	2005	2006	2007	2008	2009
百老汇剧院演出[1]									
新演出剧目(个)	37	37	36	39	39	39	35	36	43
观众人次(百万人次)	11	11	11	12	12	12	12	12	12
门票收入(百万美元)	603	643	721	771	769	862	939	938	943
百老汇巡演									
观众人次(百万人次)	12	12	12	13	18	17	17	15	14
门票收入(百万美元)	572	593	642	714	934	915	950	956	883
非营利性专业剧院[2]									
收入(百万美元)	791	1436	1481	1571	1647	1791	1881	1884	1779
演出收入	466	761	787	856	845	923	962	955	811
捐赠收入	325	675	694	715	802	868	919	929	968
支出(百万美元)	708	1405	1476	1464	1530	1667	1742	1860	1892
演出场次(万场)	6.6	15.7	17.0	16.9	16.9	17.2	19.7	20.2	18.7
观众人次(百万人次)	22	32	34	32	33	31	31	32	30
交响乐管弦乐团[3]									
演奏音乐会场次(场)	33154	37118	38182	37263	37196	36731	37169	33029	32813
观众人次(百万人次)	32	30	28	28	27	29	29	29	25
收入(百万美元)	734	764	781	827	812	945	1052	992	969
营业支出(百万美元)	1126	1312	1315	1483	1513	1603	1808	1862	1864

注：1.数据来自百老汇联盟。
2.数据来自剧院交流组织。
3.数据来自美国管弦乐团联盟。

5-6-2　美国文化活动参与率(2008年)

单位：%

项目	调查样本	欣赏爵士音乐	欣赏拉丁\萨尔萨音乐	欣赏古典音乐	观看歌剧	观　看音乐剧	观看非音乐剧	观看芭蕾	观看现代舞/民族舞/踢踏舞等	参观博物馆/画廊	参观工艺品/视觉艺术	参观遗址公园/纪念馆/历史建筑物	阅读诗歌/小说/短故事/戏剧等
总　计	**100.0**	**7.8**	**4.9**	**9.3**	**2.1**	**16.7**	**9.4**	**2.9**	**5.2**	**22.7**	**24.5**	**24.9**	**50.2**
按性别分													
男	48.3	7.7	4.8	8.5	1.8	14.4	8.2	2.2	4.4	21.4	20.5	24.4	41.9
女	51.7	7.9	4.9	10.0	2.4	18.9	10.6	3.6	5.9	24.0	28.3	25.4	58.0
按年龄分													
18-24岁	12.9	7.3	7.0	6.9	1.2	14.5	8.2	2.5	5.7	22.9	17.8	21.9	51.7
25-34岁	17.7	7.7	5.9	7.0	1.7	16.0	9.2	2.3	4.7	24.3	22.7	25.7	50.1
35-44岁	18.6	7.2	6.1	8.9	2.5	18.2	8.9	3.4	4.7	25.7	27.2	26.8	50.8
45-54岁	19.5	9.8	4.6	10.2	2.4	17.4	8.7	3.2	5.2	23.3	29.1	28.0	50.3
55-64岁	14.8	9.7	4.6	11.6	2.4	19.5	12.3	3.1	6.6	24.3	28.9	27.6	53.1
65-74岁	8.9	6.1	2.0	12.2	2.9	18.0	11.0	4.3	6.1	19.9	24.8	24.1	49.1
75岁及以上	7.6	4.0	0.8	9.7	1.8	10.0	7.4	1.4	2.6	10.5	12.7	11.2	42.3
按教育程度分													
初中	5.0	1.5	8.5	1.8	0.2	1.7	0.7	0.1	1.2	3.8	4.9	3.8	18.5
高中肄业	9.8	2.4	5.5	2.3	0.5	5.2	2.8	0.6	2.2	9.2	11.2	9.1	34.3
高中毕业	30.4	3.9	3.3	3.1	0.7	8.1	4.0	1.0	2.2	9.6	17.3	14.6	39.1
大学肄业	27.3	8.1	4.0	9.1	1.7	17.1	9.0	3.0	5.8	23.8	27.5	28.4	56.2
大学毕业	18.4	13.7	6.8	16.7	4.1	30.1	17.5	5.4	8.0	40.6	35.8	39.4	66.6
研究生	9.1	17.4	5.8	27.1	7.3	37.9	24.3	8.2	12.7	52.2	41.6	48.1	71.2

注：数据来自美国2008年公众文化艺术参与调查，该调查主要关注18周岁及以上的人群过去一年中对各种文化活动的参与程度(下表同)。

5-6-3 美国文化艺术或创意活动的个人参与构成情况(2008年)

单位：%

项 目	调查样本	演奏爵士乐	演奏古典音乐	跳芭蕾/现代舞/民族舞/踢踏舞等	绘画/雕塑等	陶艺	钩编/刺绣/编织等	摄影	写作	参加合唱团/唱诗班
总 计	**100.0**	**1.4**	**3.1**	**2.1**	**9.0**	**6.0**	**13.1**	**14.7**	**6.9**	**5.2**
按性别分										
男	48.3	2.1	3.0	1.4	7.1	4.5	2.3	13.3	6.2	3.9
女	51.7	0.7	3.2	2.8	10.7	7.4	23.2	16.1	7.5	6.3
按年龄分										
18-24岁	12.9	2.9	5.9	2.9	14.7	6.4	9.0	17.8	11.3	6.1
25-34岁	17.7	0.9	3.7	2.2	11.3	6.1	10.0	16.1	9.7	3.8
35-44岁	18.6	1.5	3.0	1.8	9.9	7.5	11.4	18.6	6.2	4.3
45-54岁	19.5	1.3	2.5	2.1	7.4	7.0	15.4	14.6	6.4	6.8
55-64岁	14.8	1.3	2.4	1.8	6.8	5.4	15.7	13.0	4.4	5.3
65-74岁	8.9	0.6	1.8	3.1	5.0	4.1	17.7	10.4	5.2	6.2
75岁及以上	7.6	0.5	1.4	1.5	4.4	2.1	15.4	5.5	3.1	3.6
按教育程度分										
初中	5.0			0.6	3.2	2.3	9.5	3.2	1.5	2.6
高中肄业	9.8	1.6	2.9	0.8	9.1	4.4	7.6	10.0	4.5	5.4
高中毕业	30.4	0.5	0.9	1.6	5.0	4.0	11.2	8.3	3.4	3.9
大学肄业	27.3	1.6	3.4	2.8	11.3	7.5	15.9	17.0	8.8	5.7
大学毕业	18.4	2.1	4.5	2.4	11.1	7.9	15.0	22.7	9.5	5.6
研究生	9.1	2.6	8.0	3.5	13.3	7.8	15.2	23.7	12.7	7.8

5-7-1　英国创意产业增加值情况

项　目	总 计	广告业	建筑设计	艺术品和古董	时尚设计	录像、电影和摄影	音乐、表演和视觉艺术	出版业	软件、电脑游戏和电子出版	广播电视
当年价增加值（亿欧元）										
1997	297	34	31	2.6	2.8	19	27	65	98	16
1998	345	35	32	2.7	2.7	18	29	73	132	20
1999	382	55	32	3.2	3.0	21	31	80	139	18
2000	410	61	35	3.5	3.6	21	32	84	148	21
2001	418	55	36	3.9	3.2	18	31	88	163	19
2002	417	54	34	4.3	3.2	21	33	83	169	17
2003	449	52	40	4.7	3.3	24	36	86	198	7
2004	497	56	41	4.9	3.8	27	37	91	226	10
2005	543	67	47	4.6	4.3	29	33	96	247	15
2006	536	53	48	4.9	4.5	38	34	95	243	15
2007	599	62	55	5.4	4.8	28	40	100	284	20
占GDP的比重（%）										
1997	5.0	0.6	0.5	0.04	0.05	0.3	0.5	1.1	1.7	0.3
1998	5.7	0.6	0.5	0.04	0.04	0.3	0.5	1.2	2.2	0.3
1999	5.9	0.9	0.5	0.05	0.05	0.3	0.5	1.2	2.2	0.3
2000	6.1	0.9	0.5	0.05	0.05	0.3	0.5	1.2	2.2	0.3
2001	6.0	0.8	0.5	0.06	0.04	0.3	0.4	1.3	2.3	0.3
2002	5.8	0.7	0.5	0.06	0.04	0.3	0.5	1.1	2.3	0.2
2003	6.0	0.7	0.5	0.06	0.04	0.3	0.5	1.1	2.6	0.1
2004	6.2	0.7	0.5	0.06	0.05	0.3	0.5	1.1	2.8	0.1
2005	6.4	0.8	0.5	0.05	0.05	0.3	0.4	1.1	2.9	0.2
2006	6.0	0.6	0.5	0.05	0.05	0.4	0.4	1.1	2.7	0.2
2007	6.2	0.6	0.6	0.06	0.05	0.3	0.4	1.0	2.9	0.2

5-8-1　香港特别行政区文化及创意产业增加值

单位：百万港元

	2005	2006	2007	2008	2009	2010
广告	3869	4056	5713	6075	5250	6805
娱乐服务	904	847	827	759	932	1358
建筑	3161	3484	3452	4941	6674	7968
艺术品、古董及工艺品	4223	4437	5446	5470	5631	7121
文化教育及图书馆、档案保存和博物馆服务	-	-	-	984	976	1065
设计	1001	1291	1459	2683	2289	2932
电影及录像和音乐	2243	3401	3564	3122	2741	2982
表演艺术	661	628	726	706	824	858
出版	14145	14908	17445	15716	12329	13655
软件、电脑游戏及互动媒体	16508	19240	21253	18204	21429	27263
电视及电台	5543	5018	5232	4614	4189	5677
文化及创意产业	52258	57309	65117	63275	63266	77683
占地区生产总值的比重(%)	3.8	3.9	4.1	4.0	4.1	4.6

注：文化及创意产业在2008年及以后的总体数字不能与较早年份的数字作比较，这是由于较早年份的总体数字没有涵盖文化教育及图书馆、档案保存和博物馆服务的相关数字。
资料来自政府统计处进行的“经济活动按年统计调查”(2009年以前为“按年经济统计调查”)

5-8-2　香港特别行政区文化及创意产业就业人数

单位：人

	2005	2006	2007	2008	2009	2010
广告	16000	17410	18120	18450	18390	17820
娱乐服务	6890	8210	7830	8040	7980	8110
建筑	10560	10700	11410	12890	12720	13310
艺术品、古董及工艺品	18020	18340	17730	17620	16910	16600
文化教育及图书馆、档案保存和博物馆服务				7310	7450	8410
设计	9610	9030	10260	11100	11300	12080
电影及录像和音乐	14010	14820	15670	15180	14500	14270
表演艺术	2610	3010	3020	2910	2910	3010
出版	47010	47540	47690	46950	46500	45680
软件、电脑游戏及互动媒体	39930	41540	42730	43850	43790	44700
电视及电台	7350	6600	6150	6960	5790	5440
文化及创意产业	171990	177200	180620	191260	188250	189430
总就业人数	3343000	3412000	3485400	3521400	3486900	3503000
占总就业人数的比重(%)	5.1	5.2	5.2	5.4	5.4	5.4

注：资料来自香港政府统计处进行的“雇佣及职位空缺统计调查”。

5-9-1　台湾省文创产业营业额与地区生产总值

	2006	2007	2008	2009	2010
文创产业营业额(新台币百万元)	599758	617415	609137	569834	661597
地区生产总值(现价GDP)	12243471	12910511	12620150	12481093	13614221
地区生产总值(现价GDP)年增长率(%)	-	5.4	-2.2	-1.1	9.1
文创营业额占地区生产总值的比率(%)	4.9	4.8	4.8	4.6	4.9

注：资料来自"2011台湾文化创意产业发展年报"(表5-9-2至5-9-3同)。

5-9-2　台湾省文创产业营业额及增长率

单位：新台币百万元

		2006	2007	2008	2009	2010
艺文类	营业额	79612	83425	89912	75819	110244
	增长率(%)		4.8	7.8	-15.7	45.4
媒体类	营业额	341739	344035	337191	31562	361757
	增长率(%)		0.7	-2.0	-6.1	14.3
设计类	营业额	130232	145737	139316	130506	144780
	增长率(%)		11.9	-4.4	6.3	10.9

5-9-3 按类别分台湾省文创产业营业额与增长率

	2006	2007	2008	2009	2010
营业额(新台币百万元)					
艺文类					
视觉艺术	4553	4602	4666	3838	4321
音乐及表演艺术	6208	7165	8497	7629	8742
文化资产应用及展演设施	1449	1319	1343	1352	1759
工艺	67401	70339	75405	63000	95423
媒体类					
电影	12379	12518	12962	13127	14602
广播电视	99893	103003	102021	99962	109787
出版	80005	83312	82404	77691	88668
广告	132174	129063	124611	111247	132842
流行音乐及文化内容	17287	16139	15193	14537	1585
设计类					
产品设计	50864	63424	54453	55619	64425
视觉传媒设计	1094	1200	1304	1328	1630
品牌时尚设计	105	138	121	145	187
建筑设计	78168	80975	83428	73414	78538
增长率(%)					
艺文类					
视觉艺术	-	1.1	1.4	-17.7	12.6
音乐及表演艺术	-	15.4	18.6	-10.2	14.6
文化资产应用及展演设施	-	-9.0	1.8	0.7	30.1
工艺	-	4.4	7.2	-16.5	51.5
媒体类					
电影	-	1.1	3.6	13.0	11.2
广播电视	-	3.1	-1.0	-2.0	9.8
出版	-	4.1	-1.1	-5.7	14.1
广告	-	-2.4	-3.4	-10.7	19.4
流行音乐及文化内容	-	-6.6	5.9	-4.3	9.1
设计类					
产品设计	-	24.7	-14.1	2.1	15.8
视觉传媒设计	-	9.7	8.7	1.8	22.7
品牌时尚设计	-	30.9	-13.0	20.5	28.6
建筑设计		3.6	3.0	-12.0	7.0

附录一

中国入选世界文化遗产项目

1.中国入选“世界遗产名录”的文化和自然遗产项目

序号	名　称	项目	批准时间
1	泰山	文化与自然双重遗产	1987.12
2	敦煌莫高窟	文化遗产	1987.12
3	周口店“北京人”遗址	文化遗产	1987.12
4	长城[注1]	文化遗产	1987.12
5	秦始皇陵及兵马俑	文化遗产	1987.12
6	明清皇宫[注2]	文化遗产	1987.12
7	黄山	文化与自然双重遗产	1990.12
8	黄龙国家级名胜区	自然遗产	1992.12
9	武陵源国家级名胜区	自然遗产	1992.12
10	九寨沟国家级名胜区	自然遗产	1992.12
11	武当山古建筑群	文化遗产	1994.12
12	曲阜孔庙、孔府及孔林	文化遗产	1994.12
13	承德避暑山庄及周围寺庙	文化遗产	1994.12
14	布达拉宫和大昭寺[注3]	文化遗产	1994.12
15	峨眉山—乐山风景名胜区	文化与自然双重遗产	1996.12
16	庐山风景名胜区	文化景观	1996.12
17	苏州古典园林	文化遗产	1997.12
18	平遥古城	文化遗产	1997.12
19	丽江古城	文化遗产	1997.12
20	天坛	文化遗产	1998.11
21	颐和园	文化遗产	1998.11
22	武夷山	文化与自然双重遗产	1999.12
23	大足石刻	文化遗产	1999.12
24	皖南古村落：西递、宏村	文化遗产	2000.11
25	明清皇家陵寝[注4]	文化遗产	2000.11
26	龙门石窟	文化遗产	2000.11
27	青城山和都江堰	文化遗产	2000.11
28	云冈石窟	文化遗产	2001.12
29	“三江并流”	自然遗产	2003.7
30	高句丽王城、王陵及贵族墓葬	文化遗产	2004.7
31	澳门历史城区	文化遗产	2005.7
32	四川大熊猫栖息地	自然遗产	2006.7

续表

序号	名　称	项目	批准时间
33	殷墟	文化遗产	2006.7
34	中国南方喀斯特	自然遗产	2007.6
35	开平碉楼与古村落	文化遗产	2007.6
36	福建土楼	文化遗产	2008.7
37	三清山	自然遗产	2008.7
38	五台山	文化景观	2009.6
39	登封“天地之中”历史建筑群	文化遗产	2010.7
40	中国丹霞	自然遗产	2010.8
41	杭州西湖文化景观	文化景观	2011.6
42	元上都遗址	文化遗产	2012.6
43	云南澄江帽天山化石地	自然遗产	2012.7
44	云南红河哈尼梯田	文化景观	2013.6
45	新疆天池	自然遗产	2013.6

注 1. 2002 年 11 月辽宁九门口水上长城获批加入此项世界文化遗产。

2. 明清皇宫：包括北京故宫（北京）和沈阳故宫（辽宁），分别于 1987 年 12 月和 2004 年 7 月获批。

3. 2001 年 12 月拉萨的罗布林卡获批加入此项世界文化遗产

4. 明清皇家陵寝：明显陵（湖北钟祥市）、清东陵（河北遵化市）、清西陵（河北易县）于 2000 年 11 月获批，明孝陵（江苏南京市）、明十三陵（北京昌平区）于 2003 年 7 月获批，盛京三陵（辽宁沈阳市）于 2004 年 7 月获批。

2.中国入选世界“非物质文化遗产代表作名录”的项目

序号	名　称	批准时间
1	昆曲	2001
2	古琴艺术	2003
3	新疆维吾尔木卡姆艺术	2005
4	蒙古族长调民歌[注]	2005
5	中国传统桑蚕织技艺	2009
6	福建南音	2009
7	南京云锦织造技艺	2009
8	宣纸传统制作技艺	2009
9	侗族大歌	2009
10	粤剧	2009
11	《格萨尔》史诗	2009
12	龙泉青瓷传统烧制技艺	2009
13	青海热贡艺术	2009
14	藏戏	2009
15	新疆《玛纳斯》	2009
16	甘肃花儿	2009
17	西安鼓乐	2009
18	中国朝鲜族农乐舞	2009
19	中国书法	2009
20	中国篆刻	2009
21	中国剪纸	2009
22	中国传统木结构营造技艺	2009
23	端午节	2009
24	妈祖信俗	2009
25	中国雕版印刷技艺	2009
26	蒙古族呼麦	2009
27	中医针灸	2010
28	京剧	2010
29	中国皮影	2011

注：该项目为与蒙古国共同申报。

3.中国列入“急需保护的非物质文化遗产名录”的项目

序号	名　称	批准时间
1	羌年庆祝习俗	2009
2	黎族传统纺染织绣技艺	2009
3	中国木拱桥传统营造技艺	2009
4	麦西来甫	2010
5	帆船水密舱壁制作	2010
6	木版活字印刷术	2010
7	赫哲族伊玛堪说唱	2011

4.中国世界文化遗产预备名单

序号	名 称
1	北京中轴线（含北海）（北京市）
2	大运河（北京市、天津市、河北省、江苏省、浙江省、安徽省、山东省、河南省）
3	中国白酒老作坊：杏花村汾酒老作坊（山西省汾阳市）、成都水井街酒坊（四川省成都市）、泸州老窖作坊群（四川省泸州市）、古蔺县郎酒老作坊（四川省泸州市）、剑南春酒坊及遗址（四川省绵竹市）、宜宾五粮液老作坊（四川省宜宾市）、红楼梦糟房头老作坊（四川省宜宾市）、射洪县泰安作坊（四川省射洪县）
4	辽代木构建筑：应县木塔（山西应县）、义县奉国寺大雄殿（辽宁义县）
5	关圣文化建筑群（山西省运城市）
6	山陕古民居：丁村古建筑群（山西省襄汾县）、党家村古建筑群（陕西省韩城市）
7	阴山岩刻（内蒙古自治区巴彦淖尔市）
8	辽代上京城和祖陵遗址（内蒙古自治区赤峰市）
9	红山文化遗址：牛河梁遗址（辽宁省朝阳市）；红山后遗址、魏家窝铺遗址（内蒙古自治区赤峰市）
10	中国明清城墙：兴城城墙（辽宁省兴城市）、南京城墙（江苏省南京市）、临海台州府城墙（浙江省临海市）、寿县城墙（安徽省寿县）、凤阳明中都皇城城墙（安徽省凤阳县）、荆州城墙（湖北省荆州市）、襄阳城墙（湖北省襄阳市）、西安城墙（陕西省西安市）
11	侵华日军第七三一部队旧址（黑龙江省哈尔滨市）
12	金上京遗址（黑龙江省哈尔滨市）
13	扬州瘦西湖及盐商园林文化景观（江苏省扬州市）
14	无锡惠山祠堂群（江苏省无锡市）
15	江南水乡古镇：角直（江苏省苏州市）、周庄（江苏省昆山市）、千灯（江苏省昆山市）、锦溪（江苏省昆山市）、沙溪（江苏省太仓市）、同里（江苏省吴江市）、乌镇（浙江省桐乡市）、西塘（浙江省嘉善县）、南浔（浙江省湖州市）、新市（浙江省德清县）
16	丝绸之路（河南省、陕西省、甘肃省、青海省、宁夏回族自治区、新疆维吾尔自治区）；海上丝绸之路（江苏省南京市、扬州市，浙江省宁波市，福建省泉州市、福州市、漳州市，山东省蓬莱市，广东省广州市，广西壮族自治区北海市）
17	良渚遗址（浙江省杭州市）
18	青瓷窑遗址（浙江省慈溪市、龙泉市）
19	闽浙木拱廊桥（浙江省泰顺县、景宁县、庆元县；福建省寿宁县、周宁县、屏南县、政和县）
20	鼓浪屿（福建省厦门市）
21	三坊七巷（福建省福州市）
22	闽南红砖建筑（福建省厦门市、南安市）
23	赣南围屋（江西省赣州市）
24	“明清皇家陵寝”扩展项目：潞简王墓（河南省新乡市）
25	黄石矿冶工业遗产（湖北省黄石市）
26	土司遗址：唐崖土司遗址（湖北省咸丰县）、容美土司遗址（湖北省鹤峰县）；老司城遗址（湖南省永顺县）；海龙屯遗址（贵州省遵义市）
27	凤凰区域性防御体系（湖南省凤凰县）
28	侗族村寨（湖南省通道侗族自治县、绥宁县；广西壮族自治区三江县；贵州省黎平县、榕江县、从江县）

续表

序号	名　称
29	南越国遗迹（广东省广州市）
30	灵渠（广西壮族自治区兴安县）
31	花山岩画文化景观（广西壮族自治区崇左市）
32	白鹤梁题刻（重庆市涪陵区）
33	钓鱼城遗址（重庆市合川区）
34	蜀道：金牛道广元段（四川省广元市）
35	古蜀文明遗址：金沙遗址、古蜀船棺合葬墓（四川省成都市），三星堆遗址（四川省广汉市）
36	藏羌碉楼与村寨（四川省甘孜藏族自治州、阿坝藏族羌族自治州）
37	苗族村寨（贵州省台江县、剑河县、榕江县、从江县、雷山县、锦屏县）
38	万山汞矿遗址（贵州省铜仁市）
39	哈尼梯田（云南省元阳县）
40	普洱景迈山古茶园（云南省澜沧拉祜族自治县）
41	芒康盐井古盐田（西藏自治区芒康县）
42	统万城（陕西省靖边县）
43	西夏陵（宁夏回族自治区银川市）
44	坎儿井（新疆维吾尔自治区吐鲁番地区）
45	志莲净苑与南莲园池（香港特别行政区）

注：2012年9月更新。

附录二

主要统计指标解释

主要统计指标解释

国内生产总值(GDP)　指按市场价格计算的一个国家（或地区）所有常住单位在一定时期内生产活动的最终成果。国内生产总值有三种表现形态，即价值形态、收入形态和产品形态。从价值形态看，它是所有常住单位在一定时期内生产的全部货物和服务价值与同期投入的全部非固定资产货物和服务价值的差额，即所有常住单位的增加值之和。

对于一个地区来说，称为地区生产总值或地区 GDP。

人口数　年度统计的年末人口数指每年 12 月 31 日 24 时的人口数。年度统计的全国人口总数内未包括香港、澳门特别行政区和台湾省以及海外华侨人数。

城镇人口和乡村人口　城镇人口是指居住在城镇范围内的全部常住人口；乡村人口是除上述人口以外的全部人口。

就业人员　指在 16 周岁及以上，从事一定社会劳动并取得劳动报酬或经营收入的人员。

法人单位　指有权拥有资产、承担负债，并独立从事社会经济活动（或与其他单位进行交易）的组织。法人单位应同时具备以下条件：（1）依法成立，有自己的名称、组织机构和场所，能够独立承担民事责任；（2）独立拥有（或授权使用）资产或者经费，承担负债，有权与其他单位签订合同；（3）具有包括资产负债表在内的账户，或者能够根据需要编制账户。法人单位包括五种类型：企业法人、事业单位法人、机关法人、社会团体和其他成员组织法人、其他法人。

全社会固定资产投资　是以货币形式表现的在一定时期内全社会建造和购置固定资产的工作量以及与此有关的费用的总称。

城镇居民家庭可支配收入　指家庭成员得到可用于最终消费支出和其他非义务性支出以及储蓄的总和，即居民家庭可以用来自由支配的收入。它是家庭总收入扣除交纳的个人所得税、个人交纳的社会保障支出以及记账补贴后的收入。计算公式为：

城镇居民家庭可支配收入=家庭总收入-交纳个人所得税-个人交纳的社会保障支出-记账补贴

农村居民家庭纯收入　指农村住户当年从各个来源得到的总收入相应地扣除所发生的费用后的收入总和。计算公式为：

农村居民家庭纯收入=总收入-家庭经营费用支出-税费支出-生产性固定资产折旧-赠送农村内部亲友支出。

恩格尔系数　指食品支出在消费支出中所占的比例。计算公式为：

$$\text{恩格尔系数}=\frac{\text{食品支出}}{\text{消费支出}}\times 100\%$$

货物进出口总额　指实际进出我国国境的货物总金额。出口货物按离岸价格统计，进口货物按到岸价格统计。

财政收入　指国家财政参与社会产品分配所取得的收入，是实现国家职能的财力保证。主要包括：（1）各项税收：包括国内增值税、国内消费税、进口货物增值税和消费税、出口货物退增值税和消费税、营业税、企业所得税、个人所得税、资源税、城市维护建设税、房产税、印花税、城镇土地使用税、土地增值税、车船税、船舶吨税、车辆购置税、关税、耕地占用税、契税、烟叶税等。（2）非税收入：包括专项收入、行政事业性收费、罚没收入和其他收入。财政收入按现行分税制财政体制划分为中央本级收入和地方本级收入。

财政支出　指国家财政将筹集起来的资金进行分配使用，以满足经济建设和各项事业的需要。财政支出根据政府在经济和社会活动中的不同职权，划分为中央财政支出和地方财政支出。

旅游收入 指游客在中国（大陆）境内旅行、游览过程中用于交通、参观游览、住宿、餐饮、购物、娱乐等全部花费。

入境游客 指报告期内来中国（大陆）观光、度假、探亲访友、就医疗养、购物、参加会议或从事经济、文化、体育、宗教活动的外国人、港澳台同胞等游客（即入境旅游人数）。统计时，入境游客按每入境一次统计 1 人次。入境游客包括入境过夜游客和入境一日游游客。

国内游客 指报告期内在中国（大陆）观光游览、度假、探亲访友、就医疗养、购物、参加会议或从事经济、文化、体育、宗教活动的中国（大陆）居民人数，其出游的目的不是通过所从事的活动谋取报酬。统计时，国内游客按每出游一次统计 1 人次。

文化及相关产业 指为社会公众提供文化产品和文化相关产品的生产活动的集合。《文化及相关产业分类(2012)》规定文化及相关产业包括文化产品的生产、文化产品生产的辅助生产、文化用品的生产和专用设备的生产等。按业态不同，可分为文化制造业、文化批零业和文化服务业。

核心文化产品 依据联合国教科文组织（UNESCO）制订的文化贸易统计框架，文化产品贸易划分为核心层和相关层两个层次。核心文化产品具体范围包括：文化遗产、印刷品、声像制品、视觉艺术品、视听媒介和其他六个类别。

规模以上文化制造业企业 指《文化及相关产业分类(2012)》所规定行业范围内，年主营业务收入在 2000 万元及以上的工业企业法人。

R&D（研究与试验发展） 指在科学技术领域，为增加知识总量、以及运用这些知识去创造新的应用而进行的系统的、创造性的活动，包括基础研究、应用研究、试验发展三类活动。

R&D 人员全时当量 指报告期企业 R&D 全时人员（全年从事 R&D 活动累积工作时间占全部工作时间的 90%及以上人员）工作量与非全时人员按实际工作时间折算的工作量之和。

R&D 经费内部支出 指企业在报告年度用于内部开展 R&D 活动的实际支出。包括用于 R&D 项目（课题）活动的直接支出，以及间接用于 R&D 活动的管理费、服务费、与 R&D 有关的基本建设支出以及外协加工费等。不包括生产性活动支出、归还贷款支出以及与外单位合作或委托外单位进行 R&D 活动而转拨给对方的经费支出。

限额以上文化批零业企业 指《文化及相关产业分类(2012)》所规定行业范围内，年主营业务收入在 2000 万元及以上的批发业企业法人和年主营业务收入在 500 万元及以上的零售业企业法人。

重点服务业文化企业 指《文化及相关产业分类(2012)》所规定行业范围内，从业人员在 50 人及以上或年主营业务收入在 500 万元及以上的服务业企业法人。

文化服务业事业单位：指《文化及相关产业分类(2012)》所规定行业范围内，执行事业单位会计制度的法人，不包括实行企业化管理的事业单位。

文化服务业其它单位 指《文化及相关产业分类(2012)》所规定行业范围内，执行民间非营利组织和其它会计制度的法人。

少年儿童读物 指供初中及初中以下少年儿童阅读的书籍。

出版物纯销售 指向读者实际销售的出版物以及直接向国外出口的出版物。

版权合同登记 指根据国际条约和中国有关法律法规，申请人到著作权行政管理部门登记著作权质权等各类授权合同的行为。

作品自愿登记 指作者、其他享有著作权的公民、法人或者非法人单位和专有权所有人及其代理人，自愿到著作权行政管理部门登记应予以保护作品的行为。

版权输出和引进 指以受版权保护的作品的财产权为标的物，与国外的出版单位等相关机构进行的交易行为，其内容涉及图书、报刊、影视、动漫、戏剧、音乐、软件等。

广播（电视）节目综合人口覆盖率 指根据国家广电总局制定的《广播电视人口覆盖率统计技术标准和方法》进行统计调查的，在对象区内能接收到中央、省、地市、或县通过无线、有线或卫星等各种技术方式转播的各级广播（电视）节目的人口数占全部总人口的比重。

有线广播电视用户数 指通过广播电视有线传输网收看电视节目的家庭用户数，包括接收模拟信号和接收数字信号的有线电视用户数。不包括宾馆、单位、写字楼等集体用户。

数字电视用户数 指通过广播电视有线传输网收看数字信号电视节目的家庭用户数。

全年广播（电视）节目制作时间 指广播电视节目制作机构全年自采、自编、自录的及合作制作、加工制作的各类广播（电视）节目（包括直播节目）的总时长。

公共广播（电视）节目套数 指经国家广电总局批准的、广播电视播出机构开办的不向听众收取收听（收看）费用，以为大众提供公共广播（电视）服务为主要目的，用固定频率（频道）播出，并编有整套自办节目时间表的广播（电视）节目套数。

全年公共广播（电视）节目播出时间 指广播电视播出机构自办节目频率（频道）内公共节目全年播出的时间（含节目重复播出时间）。

艺术表演团体 指由文化部门主办或实行行业管理（经文化市场行政部门审批或已申报登记并领取相关许可证），专门从事表演艺术等活动的各类专业艺术表演团体，含民间职业剧团。不包括群众业余文艺表演团体。

艺术表演场馆 指由文化部门主办或实行行业管理（经文化市场行政部门审批或已申报登记并领取相关许可证），有观众席、舞台、灯光设备，公开售票、专供文艺团体演出的文化活动场所。

博物馆 指为了研究、教育、欣赏的目的，收藏、保护、展示人类活动和自然环境的见证物，向公众开放，非营利性、永久性社会服务机构，包括以博物馆（院）、纪念馆（舍）、美术（艺术）馆、科技馆、陈列馆等专有名称开展活动的单位。

总藏量 指公共图书馆已编目的古籍、图书、期刊和报纸的合订本、小册子、手稿，以及缩微制品、录像带、录音带、光盘等视听文献资料数量之和。

藏品 指文博机构根据收藏品的文化属性、自然属性等情况，所划分的文物藏品、标本藏品、模型藏品（含具有收藏、展示价值的雕塑、绘画等艺术作品）和复制品藏品的总和。本指标所统计的藏品是指报告期末，该机构已经整理并登记入账的藏品数。

国家综合档案馆 指归口中央或地方各级档案行政管理部门直接管理的，按行政区划或历史时期设置的，收集和管理所辖范围内多种门类档案的档案馆。

国家级风景名胜区 指经国务院审定公布的风景名胜区。

娱乐场所 指以营利为目的，并向公众开放、消费者自娱自乐的歌舞、游艺等场所，以及各地文化行政部门依据相关规定管理并发放《娱乐场所经营许可证》的其它娱乐场所。

网吧 指通过计算机等设备向公众提供互联网上网服务的营业性娱乐文化服务场所。

移动个性化回铃用户 指报告期末电信企业开通的、可由用户自己选择回铃音的移动电话用户。包括使用套餐由电信企业提供多种回铃音的移动电话用户。

互联网宽带接入用户 指报告期末在电信企业登记注册，通过 xDSL、FTTx+LAN、FTTH/O 以及其他宽带接入方式和普通专线接入公众互联网的用户。

互联网普及率 指报告期末互联网网民占行政区域总人口的比率。互联网网民是指通过定期调查进行估算的过去半年内使用过互联网的 6 周岁及以上中国居民。

网页长度（总字节数） 指报告期内中国所有网站所含网页的总长度。网站是指以域名本身或者“www.+域名”为网址的 web 站点，其中包括中国的国家顶级域名.CN 和类别顶级域名（gTLD）下的 web 站点，该域名的注册者位于中国境内。

网站数 指报告期内中国所有网站的总数量。网站是指以域名本身或者“www.+域名”为网址的 web 站点，其中包括中国的国家顶级域名.CN 和类别顶级域名（gTLD）下的 web 站点，该域名的注册者位于中国境内。

互联网宽带接入端口 指用于接入互联网用户的各类实际安装运行的接入端口的数量，包括 xDSL 用户接入端口、LAN 接入端口、FTTH/O 端口及其他类型接入端口等，不包括窄带拨号接入端口。

互联网国际出口带宽 指基础电信企业与其他国家和地区相连的网络出口带宽总数。

互联网及相关服务企业数 指获得工业和信息化部或省、自治区、直辖市通信管理局颁发的《增值电信业务经营许可证》、在中国大陆境内经营全国或区域性增值电信业务的服务商数。

互联网及相关服务收入 指企业经营《增值电信业务经营许可证》中注册的业务所获得的收入总和。

更多指标解释可参见《中国统计年鉴》和相关专业统计年鉴。

附录三

文化及相关产业分类（2012）

文化及相关产业分类(2012)

一、目的和作用

（一）为深入贯彻落实党的十七届六中全会关于深化文化体制改革、推动社会主义文化大发展大繁荣的精神，建立科学可行的文化及相关产业统计制度，制定本分类。

（二）本分类为界定我国文化及相关单位的生产活动提供依据，为当前的社会主义文化建设、文化宏观管理提供参考，为文化及相关产业统计提供统一的定义和范围。

二、定义和范围

（一）定义

本分类规定的文化及相关产业是**指为社会公众提供文化产品和文化相关产品的生产活动的集合**。

（二）范围

根据以上定义，我国文化及相关产业的范围包括：

1．以文化为核心内容，为直接满足人们的精神需要而进行的创作、制造、传播、展示等**文化产品**（包括货物和服务）**的生产活动**；

2．为实现文化产品生产所必需的**辅助生产活动**；

3．作为文化产品实物载体或制作（使用、传播、展示）工具的**文化用品的生产活动**(包括制造和销售)；

4．为实现文化产品生产所需**专用设备的生产活动**(包括制造和销售)。

三、分类原则

（一）以《国民经济行业分类》为基础

本分类以《国民经济行业分类》（GB/T 4754—2011）为基础，根据文化及相关单位生产活动的特点，将行业分类中相关的类别重新组合，是《国民经济行业分类》的派生分类。

（二）兼顾部门管理需要和可操作性

根据我国文化体制改革和发展的实际，本分类在考虑文化生产活动特点的同时，兼顾政府部门管理的需要；立足于现行的统计制度和方法，充分考虑分类的可操作性。

（三）与国际分类标准相衔接

本分类借鉴了联合国教科文组织的《文化统计框架—2009》的分类方法，在定义和覆盖范围上可与其衔接。

四、分类方法

本分类依据上述分类原则，将文化及相关产业分为五层。

第一层包括文化产品的生产、文化相关产品的生产两部分，用“第一部分”、“第二部分”表示；

第二层根据管理需要和文化生产活动的自身特点分为10个大类，用“一”、“二”……“十”表示；

第三层依照文化生产活动的相近性分为50个中类，在每个大类下分别用“（一）”、“（二）”、“（三）”……表示；

第四层共有 120 个小类，是文化及相关产业的具体活动类别，直接用《国民经济行业分类》（GB/T 4754—2011）相对应行业小类的名称和代码表示。对于含有部分文化生产活动的小类，在其名称后用“*”标出。

第五层为带“*”小类下设置的延伸层。通过在类别名称前加“—”表示，不设代码和顺序号，其包含的活动内容在表 2 中加以说明。

五、文化及相关产业分类表

表 1 文化及相关产业的类别名称和行业代码

类 别 名 称	国民经济行业代码
第一部分 文化产品的生产	
一、新闻出版发行服务	
（一）新闻服务	
新闻业	8510
（二）出版服务	
图书出版	8521
报纸出版	8522
期刊出版	8523
音像制品出版	8524
电子出版物出版	8525
其他出版业	8529
（三）发行服务	
图书批发	5143
报刊批发	5144
音像制品及电子出版物批发	5145
图书、报刊零售	5243
音像制品及电子出版物零售	5244
二、广播电视电影服务	
（一）广播电视服务	
广播	8610
电视	8620
（二）电影和影视录音服务	
电影和影视节目制作	8630
电影和影视节目发行	8640
电影放映	8650
录音制作	8660
三、文化艺术服务	
（一）文艺创作与表演服务	
文艺创作与表演	8710
艺术表演场馆	8720
（二）图书馆与档案馆服务	
图书馆	8731
档案馆	8732
（三）文化遗产保护服务	
文物及非物质文化遗产保护	8740
博物馆	8750
烈士陵园、纪念馆	8760
（四）群众文化服务	
群众文化活动	8770
（五）文化研究和社团服务	
社会人文科学研究	7350
专业性团体（的服务）*	9421
—学术理论社会团体的服务	
—文化团体的服务	

续表

类别名称	国民经济行业代码
（六）文化艺术培训服务	
文化艺术培训	8293
其他未列明教育 *	8299
—美术、舞蹈、音乐辅导服务	
（七）其他文化艺术服务	
其他文化艺术业	8790
四、文化信息传输服务	
（一）互联网信息服务	
互联网信息服务	6420
（二）增值电信服务（文化部分）	
其他电信服务 *	6319
—增值电信服务(文化部分)	
（三）广播电视传输服务	
有线广播电视传输服务	6321
无线广播电视传输服务	6322
卫星传输服务 *	6330
—传输、覆盖与接收服务	
—设计、安装、调试、测试、监测等服务	
五、文化创意和设计服务	
（一）广告服务	
广告业	7240
（二）文化软件服务	
软件开发 *	6510
—多媒体、动漫游戏软件开发	
数字内容服务 *	6591
—数字动漫、游戏设计制作	
（三）建筑设计服务	
工程勘察设计 *	7482
—房屋建筑工程设计服务	
—室内装饰设计服务	
—风景园林工程专项设计服务	
（四）专业设计服务	
专业化设计服务	7491
六、文化休闲娱乐服务	
（一）景区游览服务	
公园管理	7851
游览景区管理	7852
野生动物保护 *	7712
—动物园和海洋馆、水族馆管理服务	
野生植物保护 *	7713
—植物园管理服务	
（二）娱乐休闲服务	
歌舞厅娱乐活动	8911
电子游艺厅娱乐活动	8912
网吧活动	8913
其他室内娱乐活动	8919
游乐园	8920
其他娱乐业	8990

续表

类　别　名　称	国民经济行业代码
（三）摄影扩印服务	
摄影扩印服务	7492
七、工艺美术品的生产	
（一）工艺美术品的制造	
雕塑工艺品制造	2431
金属工艺品制造	2432
漆器工艺品制造	2433
花画工艺品制造	2434
天然植物纤维编织工艺品制造	2435
抽纱刺绣工艺品制造	2436
地毯、挂毯制造	2437
珠宝首饰及有关物品制造	2438
其他工艺美术品制造	2439
（二）园林、陈设艺术及其他陶瓷制品的制造	
园林、陈设艺术及其他陶瓷制品制造 *	3079
一陈设艺术陶瓷制品制造	
（三）工艺美术品的销售	
首饰、工艺品及收藏品批发	5146
珠宝首饰零售	5245
工艺美术品及收藏品零售	5246
第二部分　文化相关产品的生产	
八、文化产品生产的辅助生产	
（一）版权服务	
知识产权服务 *	7250
一版权和文化软件服务	
（二）印刷复制服务	
书、报刊印刷	2311
本册印制	2312
包装装潢及其他印刷	2319
装订及印刷相关服务	2320
记录媒介复制	2330
（三）文化经纪代理服务	
文化娱乐经纪人	8941
其他文化艺术经纪代理	8949
（四）文化贸易代理与拍卖服务	
贸易代理 *	5181
一文化贸易代理服务	
拍卖 *	5182
一艺（美）术品、文物、古董、字画拍卖服务	
（五）文化出租服务	
娱乐及体育设备出租 *	7121
一视频设备、照相器材和娱乐设备的出租服务	
图书出租	7122
音像制品出租	7123
（六）会展服务	
会议及展览服务	7292
（七）其他文化辅助生产	
其他未列明商务服务业 *	7299
一公司礼仪和模特服务	

续表

类　别　名　称	国民经济行业代码
—大型活动组织服务	
—票务服务	
九、文化用品的生产	
（一）办公用品的制造	
文具制造	2411
笔的制造	2412
墨水、墨汁制造	2414
（二）乐器的制造	
中乐器制造	2421
西乐器制造	2422
电子乐器制造	2423
其他乐器及零件制造	2429
（三）玩具的制造	
玩具制造	2450
（四）游艺器材及娱乐用品的制造	
露天游乐场所游乐设备制造	2461
游艺用品及室内游艺器材制造	2462
其他娱乐用品制造	2469
（五）视听设备的制造	
电视机制造	3951
音响设备制造	3952
影视录放设备制造	3953
（六）焰火、鞭炮产品的制造	
焰火、鞭炮产品制造	2672
（七）文化用纸的制造	
机制纸及纸板制造 *	2221
—文化用机制纸及纸板制造	
手工纸制造	2222
（八）文化用油墨颜料的制造	
油墨及类似产品制造	2642
颜料制造 *	2643
—文化用颜料制造	
（九）文化用化学品的制造	
信息化学品制造 *	2664
—文化用信息化学品的制造	
（十）其他文化用品的制造	
照明灯具制造 *	3872
—装饰用灯和影视舞台灯制造	
其他电子设备制造 *	3990
—电子快译通、电子记事本、电子词典等制造	
（十一）文具乐器照相器材的销售	
文具用品批发	5141
文具用品零售	5241
乐器零售	5247
照相器材零售	5248
（十二）文化用家电的销售	
家用电器批发 *	5137
—文化用家用电器批发	
家用视听设备零售	5271

续表

类　别　名　称	国民经济行业代码
（十三）其他文化用品的销售	
其他文化用品批发	5149
其他文化用品零售	5249
十、文化专用设备的生产	
（一）印刷专用设备的制造	
印刷专用设备制造	3542
（二）广播电视电影专用设备的制造	
广播电视节目制作及发射设备制造	3931
广播电视接收设备及器材制造	3932
应用电视设备及其他广播电视设备制造	3939
电影机械制造	3471
（三）其他文化专用设备的制造	
幻灯及投影设备制造	3472
照相机及器材制造	3473
复印和胶印设备制造	3474
（四）广播电视电影专用设备的批发	
通讯及广播电视设备批发 *	5178
—广播电视电影专用设备批发	
（五）舞台照明设备的批发	
电气设备批发 *	5176
—舞台照明设备的批发	

表2 对延伸层文化生产活动内容的说明

序号	类别名称及代码		文化生产活动的内容
	小类	延伸层	
1	专业性团体（的服务）（9421）	学术理论社会团体的服务	包括党的理论研究、史学研究、思想工作研究、社会人文科学研究等团体的服务。
		文化团体的服务	包括新闻、图书、报刊、音像、版权、广播、电视、电影、演员、作家、文学艺术、美术家、摄影家、文物、博物馆、图书馆、文化馆、游乐园、公园、文艺理论研究、民族文化等团体的服务。
2	其他未列明教育（8299）	美术、舞蹈、音乐辅导服务	包括美术、舞蹈和音乐等辅导服务。
3	其他电信服务（6319）	增值电信服务(文化部分）	包括手机报、个性化铃音、网络广告等业务服务。
4	卫星传输服务（6330）	传输、覆盖与接收服务	包括卫星广播电视信号的传输、覆盖与接收服务。
		设计、安装、调试、测试、监测等服务	包括卫星广播电视传输、覆盖、接收系统的设计、安装、调试、测试、监测等服务。
5	软件开发（6510）	多媒体、动漫游戏软件开发	包括应用软件开发及经营中的多媒体软件和动漫游戏软件开发及经营活动。
6	数字内容服务（6591）	数字动漫、游戏设计制作	包括数字动漫制作和游戏设计制作等服务。
7	工程勘察设计（7482）	房屋建筑工程设计服务	包括房屋（住宅、商业用房、公用事业用房、其他房屋）建筑工程设计服务。
		室内装饰设计服务	包括住宅室内装饰设计服务和其他室内装饰设计服务。
		风景园林工程专项设计服务	包括各类风景园林工程专项设计服务。
8	野生动物保护（7712）	动物园和海洋馆、水族馆管理服务	包括动物园管理服务，放养动物园管理服务，鸟类动物园管理服务，海洋馆、水族馆管理服务。
9	野生植物保护（7713）	植物园管理服务	包括各类植物园管理服务。
10	园林、陈设艺术及其他陶瓷制品制造（3079）	陈设艺术陶瓷制品制造	包括室内陈设艺术陶瓷制品、工艺陶瓷制品、陶瓷壁画、陶瓷制塑像和其他陈设艺术陶瓷制品的制造。
11	知识产权服务（7250）	版权和文化软件服务	版权服务包括版权代理服务，版权鉴定服务，版权咨询服务，海外作品登记服务，涉外音像合同认证服务，著作权使用报酬收转服务，版权贸易服务和其他版权服务。文化软件服务指与文化有关的软件服务，包括软件代理、软件著作权登记、软件鉴定等服务。
12	贸易代理（5181）	文化贸易代理服务	包括文化用品、图书、音像、文化用家用电器和广播电视器材等国际国内贸易代理服务。
13	拍卖（5182）	艺（美）术品、文物、古董、字画拍卖服务	包括艺（美）术品拍卖服务，文物拍卖服务，古董、字画拍卖服务。
14	娱乐及体育设备出租（7121）	视频设备、照相器材和娱乐设备的出租服务	包括视频设备出租服务，照相器材出租服务，娱乐设备出租服务。
15	其他未列明商务服务业（7299）	公司礼仪和模特服务	公司礼仪服务包括开业典礼、庆典及其他重大活动的礼仪服务。模特服务包括服装模特、艺术模特和其他模特等服务。
		大型活动组织服务	包括文艺晚会策划组织服务，大型庆典活动策划组织服务，艺术、模特大赛策划组织服务，艺术节、电影节等策划组织服务，民间活动策划组织服务，公益演出、展览等活动的策划组织服务，其他大型活动的策划组织服务。
		票务服务	包括电影票务服务，文艺演出票务服务，展览、博览会票务服务。

续表

序号	类别名称及代码		文化生产活动的内容
	小类	延伸层	
16	机制纸及纸板制造(2221)	文化用机制纸及纸板制造	包括未涂布印刷书写用纸制造，涂布类印刷用纸制造，感应纸及纸板制造。
17	颜料制造(2643)	文化用颜料制造	包括水彩颜料、水粉颜料、油画颜料、国画颜料、调色料、其他艺术用颜料、美工塑型用膏等制造。
18	信息化学品制造(2664)	文化用信息化学品的制造	包括感光胶片的制造，摄影感光纸、纸板及纺织物制造，摄影用化学制剂、复印机用化学制剂制造，空白磁带、空白磁盘、空盘制造。
19	照明灯具制造(3872)	装饰用灯和影视舞台灯制造	包括装饰用灯（圣诞树用成套灯具、其他装饰用灯）和影视舞台灯的制造。
20	其他电子设备制造(3990)	电子快译通、电子记事本、电子词典等制造	包括电子快译通、电子记事本、电子词典等电子设备的制造。
21	家用电器批发(5137)	文化用家用电器批发	包括电视机、摄录像设备、便携式收录放设备、音响设备等的批发。
22	通讯及广播电视设备批发(5178)	广播电视电影专用设备批发	包括广播设备、电视设备、电影设备、广播电视卫星设备等的批发。
23	电气设备批发(5176)	舞台照明设备的批发	包括各类舞台照明设备的批发。